基于车路协同的新能源汽车驾驶行为分析及设施优化

郝 威 张兆磊 易可夫 王正武 唐 峰 著

人民交通出版社股份有限公司

北 京

内 容 提 要

本书围绕新能源汽车节能减排技术、用户驾驶行为、新能源汽车充电行为以及配套设施部署等展开研究。主要内容包括:着重介绍道路交通节能减排技术的研究背景;阐述电动汽车分类、电动汽车的发展趋势;新能源汽车的能耗计算、新能源公交车调度;分析用户里程焦虑对交通拥堵和交通安全状态的影响,对驾驶行为的数据进行分析;介绍基于随机函数、基于电价引导、基于里程焦虑的新能源汽车充电策略;建立上层系统最优模型及下层交通均衡模型,建立双层规划模型从而实现对路网服务区选址定容;总结阐述新能源汽车产业的发展路径、新能源汽车用户的驾驶行为和充电行为发展及新能源汽车配套设施的新发展。

本书可作为高等院校交通运输类专业研究生和高年级本科生的参考资料,同时也可以作为交通运输规划与管理、交通控制、智能交通等专业领域科研人员的参考书。

图书在版编目(CIP)数据

基于车路协同的新能源汽车驾驶行为分析及设施优化/郝威等著.—北京:人民交通出版社股份有限公司,2023.9

ISBN 978-7-114-18905-0

Ⅰ.①基… Ⅱ.①郝… Ⅲ.①新能源—汽车—交通设施—系统优化 Ⅳ.①U469.7

中国国家版本馆 CIP 数据核字(2023)第 132684 号

书　　名: 基于车路协同的新能源汽车驾驶行为分析及设施优化
著 作 者: 郝　威　张兆磊　易可夫　王正武　唐　峰
责任编辑: 李　良
责任校对: 孙国靖　卢　弦
责任印制: 张　凯
出版发行: 人民交通出版社股份有限公司
地　　址: (100011)北京市朝阳区安定门外外馆斜街 3 号
网　　址: http://www.ccpcl.com.cn
销售电话: (010)59757973
总 经 销: 人民交通出版社股份有限公司发行部
经　　销: 各地新华书店
印　　刷: 北京虎彩文化传播有限公司
开　　本: 787×1092　1/16
印　　张: 9
字　　数: 200 千
版　　次: 2023 年 9 月　第 1 版
印　　次: 2023 年 9 月　第 1 次印刷
书　　号: ISBN 978-7-114-18905-0
定　　价: 45.00 元

前言

在国家提出“双碳”目标的背景下，我国电动汽车保有量大幅增加，并呈现不断上升的趋势。政策的实施和电动汽车数量的增加不断倒逼电动汽车节能减碳技术的发展，新理论、新方法、新技术、新基建如何推动电动汽车的发展成为交通领域的一大研究热点和难点。我国新能源汽车节能减排技术的发展仍处于初步发展阶段，节能技术、减排技术以及储能技术有待进一步建设与完善。

随着广大学者投入研究，面向电动汽车的能耗计算、生态驾驶、用户驾驶行为及充电策略等理论与方法如雨后春笋般被提出，形成一定的体系架构，针对电动汽车的研究方法和技术也在不断丰富更新。著者以国内外面向电动汽车节能减排技术方法的研究成果为基础，结合课题组在该方向的研究积累，完成了本书的编写，旨在为读者提供近年来前沿的电动汽车节能减排技术研究方法与用户行为分析等。

本书的特色包括：

(1)注重内容的系统性与联系性。本书以新能源汽车为对象，介绍了以电动汽车为主的能耗计算、生态驾驶相关的节能减碳技术及电动汽车用户的驾驶行为、充电行为分析等，从汽车、驾驶人和设施三方面系统地介绍了新能源汽车相关技术难点和解决方法。

(2)注重理论知识与科技前沿内容相结合。本书基于现有国内外交通节能减碳、用户行为分析的研究成果，增加了课题组的理论研究及未来研究的发展动态，确保读者能在深刻认识新能源汽车基本知识的基础上深入学习最新的相关理论和方法。

(3)注重所提出的针对用户充电行为的充电设施的部署方法的工程应用。本书将理论推导与数值仿真等方法相结合，有助于读者理解电动汽车相关基础设施的布置，增加内容的趣味性和可读性，帮助读者深度理解基础配套设施布置与汽车和驾驶人之间联系。

本书由长沙理工大学郝威教授主持完成，第1、2章由长沙理工大学郝威教授撰写；第3章由长沙理工大学张兆磊博士撰写；第4章由长沙理工大学易可夫老师撰写；第5章由长沙理工大学王正武教授撰写；第6章由长沙理工大学唐峰老师撰写。同时，在资料整理、文献查找和全文校订过程中，得到了硕士研究生陆水波、肖蕾、李豪、丁席滨、赵红亮、肖后强、申子安和赵宏利等同学的大力支持和帮助，在此谨向参与本书编写工作的人员致以诚挚的谢意。

本书的出版得到了国家重点研发计划项目(2022YFC3803700)、国家自然科学基金项目(52172339)、湖南省科技创新计划项目(2022WZ1011)、长沙市科技重大专项(kh2301004)、湖南省重点研发计划(2023SK2052)和国家留学基金委国际合作项目的资助。同时,本书在编写的过程中参考了国内外大量的书籍、文献,在此一并表示感谢!

由于作者学识有限,书中难免存在认识不足和疏漏之处,恳请读者批评指正。

著　者

2023年6月

目录

第1章　绪论 / 1

第2章　新能源汽车节能减排技术 / 10

第3章 电动汽车用户里程焦虑及其驾驶行为 / 45

第4章 电动汽车充电行为 / 73

第5章　新能源汽车配套设施部署 / 97

第6章　新能源汽车产业与用户行为新发展 / 130

附录　电动汽车驾驶人里程焦虑问卷 / 135

第1章 绪论

汽车自1886年问世以来,就成为人们日常生活中不可缺少的代步和运输工具,其缩短了人们出行时间,提高了人们的生活质量。但是,由于汽车需要消耗大量的石油资源,且行驶过程中会排放大量废气,严重污染自然环境,也带来了无法回避的负面影响。面对如此严峻的形势,大力研究和利用电动汽车相关技术及促进产业发展已成为世界工业汽车竞争的一个新焦点。本章将从电动汽车的发展背景出发,介绍电动汽车的概念、相关技术以及未来发展趋势,最后对本书特点、定位进行介绍。

1.1 电动汽车发展背景

随着我国经济和社会的蓬勃发展,汽车保有量不断增加,环境污染问题日益严重,电动汽车的发展有利于减少汽车有害气体的排放,促进节能减排。本节主要介绍电动汽车的概念以及发展现状。

1.1.1 电动汽车概述

电动汽车是指符合国家道路交通各项安全法规,以车载电源为驱动力,通过电机驱动车轮转动的新能源车辆。电动汽车的主要结构包括电力驱动及控制系统、传动装置、工作装置等,其中电力驱动及控制系统是电动汽车的核心。目前市场投放的电动汽车主要包括纯电动汽车(Battery Electric Vehicle, BEV)、混合动力电动汽车(Hybrid Electric Vehicle, HEV)和燃料电池电动汽车(Full Cell Electric Vehicle, FCEV)三种,这三种电动汽车各有利弊。纯电动汽车以车载电源为动力源,用驱动电机驱动车轮行驶,这种技术不排放对大气有污染的有害气体,还可以随时随地利用周边充电设备进行充电存储电力,方便随时使用,大大提高经济效益。混合动力电动汽车是拥有两种不同动力源的电动汽车,可让蓄电池在健康良好的状态下运行,方便解决空调取暖难题,可以实现废旧蓄电池的回收利用;其唯一不足之处是长距离行驶比较耗费燃料。燃料电池电动汽车是以燃料电池作为动力能源的汽车,燃料电池能够减少温室气体排放,减少机油泄漏带来的危险,提高发动机的燃料效率。

1.1.2 电动汽车的发展现状

我国一直是石油消费大国,石油消费量逐年递增,然而受制于我国的能源消费结构,在石油的国际贸易中,我国常年扮演着石油净进口国的角色。石油经济技术研究院发布的数据显示:2020 年我国原油对外依存度已达到 73.5%,远超 50% 的国际警戒线,且预计未来几年我国石油对外依存度还将继续上升。石油对外依存度过高时,我国石油贸易会随国际市场大幅波动,这可能会加剧通货膨胀或减缓国民经济增长速度,同时还面临石油供应链断裂等能源安全问题。严峻的能源环境警示着我们必须减少对石油的依赖,因此,发展电动汽车等新能源行业迫在眉睫。为了加快和推动新能源汽车产业发展迈上新台阶,努力早日实现汽车强国的目标,国务院在 2020 年印发了《新能源汽车产业发展规划(2021—2035)》,从政策层面上引导和推动着新能源汽车相关产业、充电基础设施建设等方面保质保量地发展,这种持续有力的多维政策激励机制使得电动汽车行业的发展进入新的台阶。*Global EV Outlook 2021* 的统计数据显示:截至 2020 年底,全球电动汽车保有量已达到 1000 万辆。现有政策激励着电动汽车数量将在 10 年内持续稳定增长。可以预计,至 2030 年,全球电动汽车保有量将达到 1.45 亿辆,占所有类型车辆保有量 7%。如果政府加快实现道路电气化,电动汽车市场可能会更大。在可持续发展的情景下,2030 年全球电动汽车保有量很有可能突破 2 亿辆,占所有类型车辆保有量 12%。

受新型冠状病毒疫情的影响,2020 年上半年,我国电动汽车产销量出现大幅度下滑。中国汽车工业公布的数据显示,2020 年上半年我国电动汽车总产量为 36.90 万辆,总销量为 37.17 万辆。然而值得注意的是,从 2020 年 3 月疫情逐渐得到控制开始,受益于政府对新能源汽车的各种扶持政策,我国电动汽车的产销量已经开始逐渐恢复。为了在低迷的背景下进一步扩展电动汽车市场,我国原定于 2020 年底取消购买新能源汽车补贴的计划被推迟到 2022 年。用户选购电动汽车时青睐于具有更长续驶里程、更快充电速度的车型,用户的这种需求也在不断地催促厂家对车辆蓄电池技术进行改进。近年来,电动汽车的平均续驶里程一直在稳步增加,相关数据显示,2020 年新能源电动汽车的平均续驶里程大约为 350km,高于 2015 年的 200km。各厂家之间的良性竞争使得我国电动汽车品牌得到快速发展,其中蔚来在高端电动汽车市场获得较好的口碑,比亚迪王朝系列自上市以来销量不断攀升,逐渐在电动汽车市场占据了主导地位。

"十四五"时期是我国实现"双碳"目标的重要阶段,也是各省(自治区、直辖市)响应低碳减排号召,实现业务领域绿色低碳转型关键期。结合各省(自治区、直辖市)现状,充分把握国内外新能源相关发展形势,对于推进能源低碳转型,保障省(自治区、直辖市)内城市路网和高速公路能源需求,实现绿色生态健康可持续发展具有显著意义。以湖南省为例,2021 年,湖南省政府办公厅印发的《湖南省"十四五"现代化综合交通运输体系发展规划》提到,"十四五"建设期间要加快全省交通运输结构体系的调整,基本形成绿色交通生产生活方式,新增采用新能源及清洁能源的公交车辆占比从 2020 年的 90% 增加至 100%,营运车辆二氧化碳排放量下降率为 3.2%;加强交通能源基础设施一体化发展,重点推进交通场站、停车场、服务区等充电配套设施的建设。全面开展绿色出行行动,有效凸显城市绿色交通的出行理念和提升城市绿色交通的出行水平。

电动汽车相较于燃油汽车有一些缺陷,如续驶里程较短、充电时间较长等;除此之外,由于电动汽车的蓄电池荷电状态和其内外部环境都有关,蓄电池老化、循环寿命、外部环境和行驶工况等因素都会导致实际剩余电量与期望剩余电量不符,在日常使用电动汽车时,用户会存在里程焦虑。里程焦虑是指在出行过程中,电动汽车驾驶人会担心蓄电池电量耗尽而使车辆在半路熄火的一种心情。高度的里程焦虑会对电动汽车驾驶人的情绪产生负面影响,甚至会导致危险的驾驶行为,同时里程焦虑是阻碍电动汽车行业发展的最主要原因。为了解决潜在的驾驶安全问题以及加快电动汽车的普及速度,必须减少出行过程中电动汽车用户对电量耗尽的忧虑。

伴随城市电动汽车的数量逐渐呈上升趋势,充电站作为电动汽车出行过程中进行中途充电的基础配套设施,其规模也要随之增长,截至 2022 年 1 月,国内共统计各类公共充电桩 117.8 万台。目前国内建成的电动汽车公共充电站数量还不能充分满足电动汽车用户在路网行驶过程中的充电需求,其布设使用是否合理影响并制约着电动汽车的发展前景,如果布设使用不合理,会影响路网中电动汽车以及其他出行方式的交通通行效率,增加路网的整体阻抗。因此,关于电动汽车出行的一系列问题正待寻求合适的解决办法。

1.2　电动汽车节能减排技术与用户行为简介

与燃油汽车相比,电动汽车在节能减排方面有着很大的优势。本节主要介绍电动汽车的几种关键技术以及评估节能减排的方法,并对用户里程焦虑、充电行为等驾驶行为进行简介。

1.2.1　电动汽车关键技术

1.2.1.1　蓄电池技术

目前,动力蓄电池可分为三大体系,分别是磷酸铁锂蓄电池、三元锂蓄电池、锰酸铁锂蓄电池。其中,锰酸铁锂蓄电池和磷酸铁锂蓄电池凭借着可靠的稳定性能和较低的价格,被广泛应用于电动客车上等。同时,动力蓄电池技术的发展对新能源汽车(New Energy Vehicles, NEV)产品也起到了关键性的影响。除全固态锂蓄电池外,目前铅酸蓄电池、镍氢蓄电池、锂离子蓄电池、太阳能电池等其他类型的电池发展也各有特色。目前,动力蓄电池技术路线趋势为磷酸铁锂→三元锂→固态电池。未来若想达到更高的能量密度目标,则需要转变到固态电池的技术体系。固态电极 + 固体电解液这种系统的能量密度高,电解质无流动性,易通过内串联组成高电压单体,预期电量可达 500W · h/kg,同时它的安全性高,不存在引发电解液燃烧的问题。

1)氢燃料电池技术

氢燃料电池是将氢作为燃料,送到燃料电池的负极,把空气中的氧供给正极,在电池中催化剂的作用下,氢与氧发生电化学反应,直接将燃料的化学能变为电能的能量转换装置,它相当于是一台发电机,输出电能驱动电动机工作,为汽车行驶提供驱动力,同时还有给电池充电的功能。氢燃料电池是实现氢能转换为电能利用的关键载体,汽车使用过程中,只要有氢不断地输入燃料电池,氢燃料电池就会通过电化学反应源源不断地输出电能。氢作为可存储废弃能源并推动由传统化石能源向绿色能源转变的清洁能源,其燃烧热值高达

142MJ/kg，是汽油的3倍、焦炭的4.5倍，被认为是实现未来能源革命的颠覆性技术发展方向。氢燃料电池具有污染小、噪声小、发电效率高、可再生、加氢快、电量大等优点，让其在理论上成为未来实现节能减排的有效途径。但是，其在成本、技术、氢运输、氢储存、安全等多方面的问题还没有完全解决。国家发展改革委、国家能源局联合印发《氢能产业发展中长期规划(2021—2035年)》中将氢能及燃料电池技术列为能源技术装备主攻方向和重点任务。研究表明，氢能及氢燃料电池技术有望在汽车等领域得到大规模应用。

2)太阳能电池技术

太阳能电池是以半导体为材料，把太阳能转换为电能，把太阳能电池应用于汽车上，用其转换的电能来驱动电动机为汽车行驶提供动力，多余的电能还可以自动储存于电池中，阳光不足时供汽车运行。太阳能属于可再生能源，其本身不会对环境造成污染，在太阳能向电能转换的过程中也不产生污染物，汽车使用过程中也不存在尾气排放，进而实现污染物的零排放，同时也降低了汽车对化石能源等的使用比例。但目前，技术和成本仍然是阻碍太阳能电池技术应用于汽车产业的两大难题。不过随着现代科学技术的迅速发展，太阳能电池技术在汽车领域的推广应用还是非常有前景的。

1.2.1.2 驱动电机技术

目前，驱动电机主要有直流电机、感应电机、开关磁阻电机、无刷直流电机、永磁同步电机这几大类，每种驱动电机都各有特点。从转速看，开关磁阻驱动电机最高，交流异步驱动电机次之，直流驱动电机转速最低，但永磁同步驱动电机转速范围较大；从性能可靠性和结构牢固性来看，开关磁阻驱动电机与交流异步驱动电机可靠性最强，永磁同步驱动电机次之；从质量和体积来看，开关磁阻驱动电机的质量小、体积小，而直流驱动电机质量大、体积大。

1.2.1.3 电动汽车能耗

加强车载信息系统预测能量消耗的功能可以减少电动汽车用户里程焦虑，为驾驶人提供更加准确的能量消耗信息和剩余续驶里程信息，能够方便驾驶人更加合理地安排出行计划和充电计划，从而缓解用户的里程焦虑，这也是目前短期内可以见效的方法。

影响电动汽车电能消耗的因素大致可以分为六大类：与出行相关的因素、与驾驶人相关的因素、与天气相关的因素、与车辆本身相关的因素、与道路相关的因素以及与交通状况相关的因素。与出行相关的因素包括出行次数和出行距离，与天气相关的因素包括温度和空气阻力等，与车辆本身相关的因素包括车重、车辆空调是否工作以及蓄电池状况等，与道路相关的因素包括道路坡度和道路阻力等，与交通状况相关的因素包括车辆加速度、最高速度等行驶工况的运动学参数。

电动汽车能耗模型对驾驶人路径选择和缓解驾驶人里程焦虑有着重要意义。目前电动汽车能量消耗建模使用的方法有基于仿真的能耗分析、数据驱动模型、基于神经网络的能耗预测模型等方法。神经网络算法具有很强的预测能力和鲁棒性，其优点是可以将天气、道路特征、驾驶人风格等复杂显示状况融入神经网络中。然而影响电动汽车能耗的因素有很多，构建单一的神经网络预测模型无法兼顾准确性和适用性。随着大数据在工程应用上的飞速发展，数据驱动模型开始得到广泛研究和应用。数据驱动模型通过各种终端设备采集到实车能耗数据，随后利用数学统计方法获取使能耗估计误差最小的模型结构和参数。

1.2.1.4　电动汽车总碳排放

1）电动汽车碳排放的评估方法

国家发展改革委发布的2019年电力运行情况显示，2019年全国发电量75028亿kW·h，比2018年增长3.5%，其中火电52201亿kW·h，水电13044亿kW·h，核电3483亿kW·h，风电4057亿kW·h，光电2243亿kW·h，其中火力发电的占比为70%。我们知道，火力发电大部分使用的化石能源（如煤炭、天然气），所以会排放大量含有碳的气体，其他发电过程属于清洁能源发电，基本很少排放含碳气体，所以，我们认为电动汽车的碳排放是将它的碳排放转移到了电厂发电排放中。普通的燃油汽车直接通过内燃机的燃烧将烷烃类的化学物燃烧产生了二氧化碳的排放，那么需要计算电动汽车与燃油汽车在基本相似情况下的碳排放量：比如算出1.5t燃油汽车100km的油耗，以及1.5t电动汽车100km下所消耗的电量，这样就可以对比两者的排出二氧化碳量，评估节能效果。

2）电动汽车碳追踪评估

生命周期清单分析对整个生命周期废物排放和资源消耗等进行量化的过程，这是生命周期评价分析的重要环节。产品生命周期影响评价（Life Cycle Impact Assessment，LCIA）是对清单分析中的环境影响类型进行定量或定性的综合评价与描述。SETAC、ISO和英国环保局都倾向于把影响评价定为一个三步走模型，分别是：分类与特征化、归一化、量化。借用废物排放中关于温室效应碳排放追踪计算，可得到公式：PCDS = PCM + PCP + PCU + PCR。其中，PCDS整车系统生命周期内环境碳排放；PCM为原材料开采阶段环境碳排放；PCP为生产阶段环境碳排放；PCU为行驶阶段环境碳排放；PCR为报废回收阶段环境碳排放。

1.2.1.5　电动汽车生态驾驶

生态驾驶，又称绿色驾驶，是继安全驾驶之后，以适应现代发动机技术为基础的经济、绿色的驾车理念和技能。生态驾驶的目的在于通过改善驾驶人的行为达到经济、环境、安全三赢的局面。生态驾驶的主要特征是：适当加速，及时换挡；通过预测交通流和交通信号灯变化避免突然加减速；保持平稳的行驶速度，如在高速公路上行驶时酌情使用巡航控制系统等。在分析生态驾驶时，应与节能驾驶区分开来。在策略上，节能驾驶为保证燃油的经济性而略微牺牲安全性，而生态驾驶没有任何权衡取舍。生态驾驶的优势不仅体现在降低个人驾驶成本、减少交通事故发生方面，而且能产生巨大的社会经济效益，如减少温室气体和有害尾气（CO、HC、NO_x）排放、减少石油进口、减少因交通事故造成的人员伤亡等，是对个人和社会双赢的主张。

具有节能能力的车辆操控策略是生态驾驶的核心技术，生态驾驶控制策略主要源于两类：经验总结法和理论求解法。汽车运行过程中包含起动、加速/减速、匀速和怠速几种运行状态，经验总结法是通过道路实车试验的方法，依据多种车型、各类驾驶风格的驾驶人的行车数据，总结、分析得到的车辆节能驾驶策略。欧洲生态驾驶“五大黄金法则”及日本“生态驾驶10法”均属于经验型节能策略。虽然经验型节能策略简单易懂，但是存在很多缺点，例如不具最优性、驾驶策略因车型、道路环境、工况等的变化而不同，且具体的节能机理不明确，属于定性描述，策略的获取需要大量实车试验和大量的人力投入、成本高、迁移性差。

理论求解法摒弃经验总结法的定性描述的缺点，通过建立车辆行驶模型、能耗模型，依据数学方法建立能耗最优的驾驶行为优化模型，对生态驾驶策略进行定量描述。一般而言，理论型生态驾驶控制策略将转化为驾驶人对车辆速度的控制策略。

1.2.2 新能源汽车用户行为简介

1）新能源汽车驾驶行为

电动汽车相较于燃油汽车有缺陷——续驶里程短、充电时间长；此外，由于电动汽车的蓄电池荷电状态和其内外部环境都有关，蓄电池老化、循环寿命、蓄电池温度和行驶工况等因素都会导致实际剩余电量与期望剩余电量不符，电动汽车用户常常担心在出行途中车辆的蓄电池电量所能行驶的距离不能够到达目的地而伴有着“里程焦虑”的心理。

用户存在的里程焦虑心理会对其交通出行前、出行途中的路径选择和充电策略产生很大的影响，由此就衍生出了一个专有名词——“安全电量”，它是指电动汽车用户在一次出行中，不会因为不充足的蓄电池电量导致可持续行驶里程不能满足抵达目的地，在此过程中产生的心理焦虑而特地设定的最低安全剩余电量。因此，电动汽车用户在交通出行中要依据实际状况到周围充电站为蓄电池充电，充分保证好最低安全剩余电量不能低于用户心理层面可以接受的安全电量数值。

图 1.2-1 所示为电动汽车出行途中需要充电的例子，其中，路段 AB 长度为 20km，路段 AC 的长度为 16km，路段 BC 的长度为 17km。假设电动汽车的初始剩余电量为 6kW · h，蓄电池能量消耗率为 0.3kW · h，安全电量设置为 1kW · h。基于此设置，该用户就会由于判断蓄电池剩余电量是否可以从起点 A 抵达终点 B 而产生里程焦虑，如果选择路径 1 行驶，从路段 AB 行驶需要消耗 6kW · h，等于初始电量的 6kW · h，但是由于设置 1kW · h 的安全电量，所以，从路段 AB 行驶需要剩余 7kW · h 的初始电量，所以无法顺利到达终点。从路段 AC 行驶需要消耗 4.8kW · h，小于初始电量的 6kW · h，且满足设定的安全电量需求，所以该用户会选择路径 2，这时需要在充电站节点 C 充电，充电电量最少为 4.9kW · h，才能保证车辆再从路段 BC 消耗 5.1kW · h 抵达终点 B，且最终电量不低于安全电量。由此可得，在考虑安全电量试图缓解里程焦虑的同时，其对用户出行路径的选择带来一定程度上的影响，比如初始剩余电量不足以行驶完成某条路径，进而影响了交通网络的均衡流量分布。

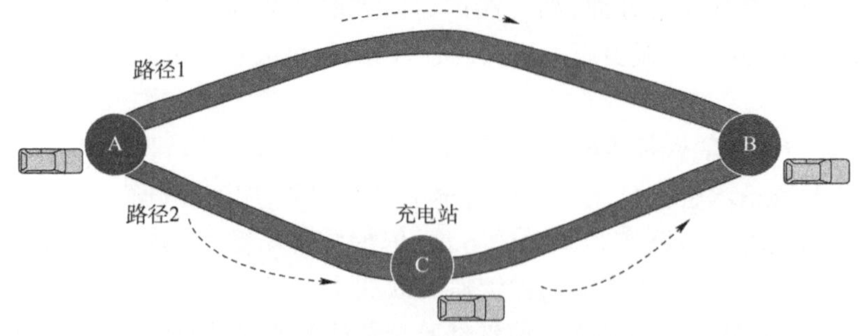

图 1.2-1 途中充电行为下路径选择示例

2）新能源汽车充电行为

用户在出行过程中存在的充电焦虑主要是指充电时间较长、充电基础配套设施建设不完备，多时间、多频率的充电行为导致用户产生了心理上的焦虑。

由于电动汽车的续驶里程较短，在每次交通出行中，用户可能会不止一次地寻找充电站为蓄电池充电，特别是在一座城市的城乡接合部或者相邻城市间有出行需求时，用户利用充电桩每次进行充电所要花费的时间相较于传统燃油汽车进入加油站加油所消耗的时间而言，一般都会更长。所以，电动汽车用户在做路径选择和充电策略决策时，既要考虑路径行驶时间，又要考虑好充电位置、充电时间、充电电量，力争达到总出行时间成本最小化的目的。

电动汽车存在的这种现象，对于普通燃油汽车用户来说根本不需要考虑，即使考虑了加油时间，微乎其微的加油时间也不会影响单次出行下的总出行时间，即几乎不存在有里程限制或者途中加油站短缺的问题，所以在整个交通网络出行中，传统汽车用户在路径选择上可以选择任意一条从出发点通向目的地的路径通行，即网络中所有路径都是可供用户选择的可行路径。对于电动汽车用户来说，由于可持续行驶里程短、充电基础配套设施不完备，在城市路网中一些路径并没有建设有充电站，这样就导致该路径对于电动汽车用户来说可能就成为不可行路径，对于车载蓄电池容量较低的用户想要完成出行显得并不是那么容易，较低的蓄电池容量会极大地限制可行路径的距离范围，其出行途中必须通过一次或者多次充电来满足出行需求，即想要顺利通过可行路径必须满足蓄电池初始剩余电量可以出行的距离要大于完成该路径所要行驶的距离。概括性地说，即当网络中某一条路径上没有建设充电基础设施时，该路径的距离大于电动汽车当前续驶里程，就认为这条路径不可以被电动汽车用户选择作为出行路径。所以，传统燃油汽车用户的路径选择的覆盖面是出发点到目的地之间所有正常通行路径组成的集合。然而，电动汽车用户在考虑路径选择时，必须优先考虑路网内路径是否能够满足车辆自身的里程范围或者充电需求的可行性，它的路径选择的覆盖面是出发点到目的地之间所有正常通行路径集合中的一部分路径。

综上，由于电动汽车用户存在里程焦虑和充电焦虑，这让其与传统汽车用户在驾驶行为、路径选择以及出行前中后期的策略规划或多或少都有很大的不同，对于具有里程约束、充电约束的电动汽车，用户需要对在什么时候补充蓄电池电量、在什么节点位置进行充电以及蓄电池需要补充多少电量较为合适等问题作出感知范围内的合理决策，在考虑电动汽车充电行为基础的同时通过路径选择的决策准则进行选择路径通行。电动汽车用户的路径选择决策和充电策略共同构成了用户出行决策，它们互相影响和相互制约，致使其相比燃油汽车虽然环保低碳，但是整个出行的行为选择和策略的复杂程度大。因此，有必要对其路径选择和充电策略进行提前分析与规划。

1.3 电动汽车未来发展方向

本节主要介绍电动汽车主要应用场景以及电动汽车关键技术的发展趋势，并对未来发展方向进行展望。

1.3.1 电动汽车应用趋势

1)电动汽车租赁

电动汽车在市区短途优势明显,可以借鉴共享单车的运营模式,将其布置于市区或居民密集区域,弥补共享单车的短板。两者的结合,将扩大共享单车的服务范围,当服务范围和共享车数提高至一定程度时,这种模式在出行便捷性上的优势就会凸显,必将潜移默化地改变人们的出行方式。

2)电动汽车物流

从物流需求来看,电动汽车应用在物流领域有天然的优势,比如节能、环保、空间大以及智能化,可以无缝对接城市物流,需求潜力较大;从国家政策来看,准入和激励机制有力地推动了物流领域电动化的进程;从成本上来看,电动汽车应用于物流上的成本较低,即使政府补贴力度减弱,其低运营成本的优势仍然明显。需求的提升、政策的扶持和天然的成本优势,多方面推动了电动汽车在物流上的应用,京东等巨头的物流电动化也证明了电动汽车在物流领域的可行性。

3)电动汽车公共交通

由于公交车站点设置较多再加上市区交通信号灯多,而公交车需要频繁地起停,传统使用汽、柴油作燃料的公交车不仅油耗增加较多,而且汽车怠速时的尾气排放量也很大,而电动汽车正好弥补了以上不足,不仅节能而且环保。另外,电动汽车较传统汽车有着更简单的动力系统,不仅故障率更低,而且维修相对简单,应用于公共交通领域优势明显。

虽然当前的电动汽车应用场景有限,数量上也不及传统汽车保有量,但随着物联网和智能控制技术的快速发展,电动汽车更容易实现车联网,甚至自动驾驶,未来电动汽车将会向着网络化、智能化的方向发展,在方便人们出行的同时,将会出现更多多元化、个性化的应用。

1.3.2 电力驱动及控制技术推进智能化和数字化

驱动电机是用于驱动电动车辆的重要器件。在未来,驱动电机将有更多的工作方式,并且它将有控制系统,这将有效地提高工作效率。而且,驱动电机不会对周围环境造成污染,稳定性高,结构简单,生产成本低,日后维修更方便。可以看出,驱动电机将朝着自动化、简化和绿色化的方向前进。此外,电动汽车的控制技术也将带来很大的变化,一些先进国家目前正在实现对整个电动汽车的自动控制。控制策略是相对简单的,并且在混合动力电动汽车、燃料电池电动汽车基础上,需要一个更完整的和先进的控制系统,以控制整个车辆,整个车辆的控制单元必须用多个电动机进行协调,实现对整车的智能控制。

1.3.3 各种驱动电机的发展

目前,国家除了对功率元件的存储研究外,还在加大对电机的研究和创新。例如,美国研制的交流烟道反作用电机结构比较简单,降低了电机质量,提高了运行可靠性,但问题是控制单元模块比较复杂。对此,日本倾向于研究低质量、高转矩、高成本的永磁无刷直流电机。在高温下,它缺乏降低磁力和防尘能力。德国和英国正在开发磁阻电机。它们具有转矩转换率高、成本低、性能稳定的特点,但容易产生噪声。目前,我国正在积极研究稀土永磁无刷电机和稀土材料磁阻电机。

1.3.4 蓄电池能量管理系统的广泛应用

蓄电池能量管理系统(Battery Management System, BMS)是电动汽车的智能化元素,目前只有部分电动汽车采用BMS,应用范围并不广,因此,该系统在实际应用中存在诸多问题。但未来,BMS将广泛应用于电动汽车。BMS的应用,可以有效提升电动汽车的整体性能,提升蓄电池能量管理性能,延长使用时间。

电动汽车作为一个全新的产品,相比传统汽车有很多优点,在其发展初期,不可避免地存在一些缺点和问题,这不仅需要国家政策的大力支持,更需要整个电动汽车行业的共同努力。电动汽车无论短期还是长期,都有很大的发展潜力,应用前景广阔。

1.4 本书定位

近年来,随着全球环保和节能意识的提升,新能源汽车成为汽车行业发展的新方向,新能源汽车的节能优势令人瞩目,不仅减少了汽车排放的污染,而且明显降低了运营成本,新能源汽车已经成为汽车行业的发展趋势。本书主要围绕新能源汽车节能减排技术及用户行为,探讨道路交通节能减排技术发展现状和未来趋势,对相关研究及基础理论进行概述。

第2章 新能源汽车节能减排技术

全球新一轮科技革命和产业变革蓬勃发展，汽车与能源、交通、信息通信等领域有关技术加速融合，电动化、智能化、网联化、共享化成为汽车产业的发展潮流和趋势。新能源汽车融合新能源、新材料和互联网、大数据、人工智能等多种变革性技术，推动汽车从单纯交通工具向移动智能终端、储能单元和数字空间转变，带动能源、交通、信息通信基础设施改造升级，促进能源消费结构优化、交通体系和城市运行智能化水平提升，对建设清洁美丽世界、构建人类命运共同体具有重要意义。近年来，新能源汽车已成为全球汽车产业转型发展的主要方向和促进世界经济持续增长的重要引擎。

本章主要针对新能源汽车节能减排技术的能耗计算、生态驾驶模型及公交新能源汽车调度这三部分来介绍新能源汽车节能技术对能源消耗的改善。

2.1 新能源汽车能耗计算方法

续驶里程是纯新能源汽车最关注的性能指标之一，尤其在部分充电设施不完备的区域或供移动出行客户使用的车辆上尤为突出。尽可能提升用户实际使用的续驶里程是新能源汽车研究的重要内容，提升车辆的续驶里程可以通过车辆端的低能耗设计来实现。本节主要从新能源汽车能耗的影响因素、动力学能耗计算方法、数据模型能耗计算方法及能耗分析等四部分来介绍新能源汽车的能耗特性与评价方法。

2.1.1 能耗影响因素

随着新能源汽车的逐渐推广，针对新能源汽车能耗的研究取得了一系列成就。目前影响新能源汽车能耗的主要因素可划分为三类：车辆结构、行驶过程的外部环境和驾驶风格。

2.1.1.1 车辆结构

车辆结构主要包括蓄电池性能、汽车整备质量、迎风面积、传动系统效率、驱动电机效率等，目前车辆结构对能耗影响的分析主要应用于车辆研发设计阶段。

1）蓄电池性能

蓄电池性能参数是影响纯新能源汽车续驶里程的重要因素，其主要包括额定容量、比能量、内阻、充放电倍率、自放电率、成组一致性等。如：若蓄电池持续以高倍率进行充放电，则可用放电容量和能量会减少很多，进而使得新能源汽车的续驶里程减少；蓄电池组在充放电时,若并联蓄电池组中单体间电压不一致,则将在并联回路中产生电流,即电压高的蓄电池放电,而电压低的蓄电池被充电会消耗掉动力蓄电池组对外输出的一部分功率,从而减少续驶里程。

2)汽车整备质量

新能源汽车行驶时阻力功率主要由滚动阻力功率、空气阻力功率、加速阻力功率和坡度阻力功率四部分组成。其中,滚动阻力功率、加速阻力功率和坡度阻力功率均与汽车总质量密切正相关,即汽车总质量越大,则阻力功率越大,从而行驶过程中的能耗越多,在满足一定的刚度和强度要求条件下,尽量降低车辆整备质量有利于降低整车能耗。降低能耗的途径有:优化匹配驱动电机和减速的参数;在满足功率和转矩要求下,减小驱动电机质量;在保证汽车制动安全性前提下,优化制动能量回收系统的控制策略,实现能量回收最大化等。

2.1.1.2　行驶过程的外部环境

现有对外界环境的研究主要集中于行驶工况、道路条件和出行温度三方面。道路条件、行驶工况主要影响车辆的行驶阻力,不同的行驶条件对车辆行驶速度和驱动电机转矩需求不同,车辆的行驶阻力能耗也相应发生改变;出行温度主要影响空调等舒适性附件的输出功率。

1)行驶工况

新能源汽车在不同工况下行驶时,对应的能量消耗也不同。整体上,各道路等级下的电能消耗率均随平均速度增大而上升。相同平均速度区间不同道路等级条件下,在平均速度较低的区间,快速路上的电能消耗率值较高,而在平均速度较高的区间,次干路上的电能消耗率的值较高。不同的道路等级上的交通条件不同,机动车的行驶状况差异较大,进而影响了机动车的分布状况,即不同道路等级上的中等电能消耗率有所差异。

2)道路状况

道路条件与交通状况会影响纯新能源汽车行驶过程中的能量消耗。道路条件较差、交通拥堵会增加车辆能耗,从而缩减续驶里程;道路条件良好、交通畅通有序会相对减少车辆能耗。

3)出行温度

环境温度对新能源汽车能耗有重要影响。在低温状态下,蓄电池的内阻会增大,导致蓄电池发热量增加,蓄电池耗电率增加。此外,在过高或者过低温度状态下,蓄电池热管理系统需要额外的电量来保持蓄电池温度在最佳工作温度附近,环境温度与最佳工作温度差异越大,能耗需求越大,所以建立能耗预测模型时不能忽略出行温度对能耗的影响。

出行温度对整车能耗的影响主要有两方面:

(1)影响蓄电池放热。现阶段纯新能源汽车的动力蓄电池通常有其最适宜的工作环境温度,随着温度变化,蓄电池内阻也会相应发生变化。以现阶段最常用的锂离子蓄电池为例,现有研究表明,低温会明显增加锂离子蓄电池内阻。内阻增加,动力蓄电池放热增加。过低的温度会使动力蓄电池组的可用容量与能量大幅减少、内阻呈非线性增长,环境温度也会影响空气阻力。一般情况下,温度越低,空气阻力越大,则行驶过程中的能耗越多。

(2)影响空调和加热系统能耗。新能源汽车的空调和加热系统能耗在总附件能耗中占比为60%～80%,并且主要受出行环境温度影响,高温制冷工况和低温制暖工况都会明显提高空调系统能耗占比。附件能耗以空调和电加热器能耗为主,其受出行温度影响波动较大,所以将附件能耗和蓄电池放热能耗统一辨识为温度对整车能耗的影响效应。此外,新能源汽车的能耗与用户的充电习惯也有很大关系。

2.1.1.3 驾驶风格

驾驶风格(激进型、标准型、保守型)对于蓄电池能量消耗有着重要影响,在相同的行驶工况条件下,激进型驾驶人在行驶时有更高的加速度与较高的期望速度,该类人群通常在行驶时使用急加速和急减速的驾驶模式,会产生更多制动损耗,这会导致在行驶时有更多的能量消耗。相较其他两种客观影响因素,驾驶风格更倾向于驾驶人的主观意愿,所以在车辆结构和外部环境客观因素无法改变的情况下,保持优良的驾驶习惯对降低新能源汽车整车能耗有重要意义。

2.1.2 汽车动力学能耗计算方法

物理模型能够较为精准地实现对车辆能耗的预测。物理模型的实现方式主要是对车辆动力总成的零部件进行准确的建模,所以仿真结果也相对准确。相应的商用车辆建模软件(如 ADVISOR、CRUISE、PSAT、Autonomie 等)也在业内得到了广泛应用。但这类模型的性能往往取决于连续采集系统参数的能力(如瞬时速度、瞬时加速度、瞬时坡度),同时需要车辆的大量系统参数,例如蓄电池电压电流变化曲线、电机效率、传动、制动参数等。只有实现精确的车辆建模,才能保证能耗估计的准确性。

影响新能源汽车能耗的因素众多,包括车辆因素、环境因素和驾驶人相关因素,其中有些影响因素存在非线性耦合效应,即使对于相同类型的新能源汽车,例如,由于行驶条件的不同,电动汽车所消耗的能量也不同。目前很难综合所有的影响因素,从根本机制的角度定量分析它们各自对能源消耗的影响。对此,机器学习方法是解决能耗计算非线性耦合问题的有效工具。

2.1.2.1 基于平均速度的能耗计算方法

基于平均速度的能耗计算方法通过引入机动车比功率(Vehicle Specific Power,VSP),基于新欧洲标准行驶循环的新能源汽车台架测试结果,构建新能源汽车能耗因子模型。基于平均速度 v_a 建立新能源汽车能耗因子 e 计算式[1]:

$$e = 1.359 \times v_k^{-1} - 0.003 \times v_k + 2.981 \times 10^{-5} \times v_k^2 + 0.218 \tag{2.1-1}$$

路段 k 上新能源汽车的总能耗:

$$E = e \cdot l_k \tag{2.1-2}$$

式中:e——新能源汽车能耗因子;

v_k——平均车速,m/s;

E——新能源汽车总能耗;

l_k——行驶距离。

2.1.2.2 基于综合功率的新能源汽车能耗模型

基于综合功率的新能源汽车能耗模型[2](Comprehensive Power-based EV Energy consumption Model,CPEM)是一种准稳态后向高分辨的基于功率的模型。模型所需的输入为瞬时速度和新能源汽车特性。模型的输出为车辆在特定行驶工况下的能量消耗(EC)(kW·h/km)、消耗的瞬时功率(kW)、动力蓄电池的荷电状态(State Of Charge,SOC)(%)。

车轮处的功率按下式计算:

$$P_{\text{Wheels}} = ma + mg\cos\theta \frac{C_{\text{r}}}{1000}(c_1 v + c_2) + \frac{1}{2}\rho A C_{\text{d}} v^2 + mg\sin\theta \tag{2.1-3}$$

式中:P_{Wheels}——车轮处的功率,kW·h;

c_1——路况滚动阻力参数;

c_2——车辆轮胎类型滚动阻力参数;

C_{r}——路面类型滚动阻力参数;

C_{d}——空气动力阻力系数;

m——汽车质量;

a——车辆加速度;

ρ——空气密度,kg/m^3;

A——迎风面积,m^2。

给定车轮处的功率,考虑到传动系统效率 $\eta_{\text{Driveline}}=92\%$,并假设驱动电机效率 $\eta_{\text{Electric motor}}=91\%$,计算驱动电机处的功率($P_{\text{Electric motor}}$)。据报道,日产 Leaf 的驱动电机效率在 85% ~ 95%之间。91%是使经验数据与估计能耗值之间的平均误差最小的值。

假定:当车辆处于牵引模式时,能量从驱动电机流向车轮,驱动电机处的功率大于车轮处的功率,车轮处的功率为正。在再生制动模式下,能量从车轮流向驱动电机,驱动电机的功率小于车轮的功率,车轮处的功率为负。

减速过程中电功率 η_{rb}为负,利用式(2.1-6)计算 $P_{\text{Electric motor}}<0$ 时的再生制动能量效率:

$$\eta_{\text{rb}} = \frac{E_{\text{Recoverable}}}{E_{\text{Available}}} \tag{2.1-4}$$

$$E_{\text{Available}} = \int_0^t P_{\text{Wheels}}^{(-)}(t)\,\mathrm{d}t \tag{2.1-5}$$

$$P_{\text{Electric motor}} < 0 \rightarrow P_{\text{Electric motor\_neg}} = P_{\text{Electric motor}} \cdot \eta_{\text{rb}} \tag{2.1-6}$$

式中:$E_{\text{Recoverable}}$——制动过程中回收的能量,kW·h;

$E_{\text{Available}}$——制动过程中可供回收的最大能量,kW·h;

$P_{\text{Wheels}}^{(-)}(t)$——车轮处功率的负部分。

通过以下公式估算蓄电池的最终荷电状态:

$$\text{SOC}_{\text{Final}}(t) = \text{SOC}_0 - \sum_{i=1}^{N} \Delta\text{SOC}_{(i)}(t) \tag{2.1-7}$$

$$\Delta\text{SOC}_{(i)}(t) = \text{SOC}_{(i-1)}(t) - \frac{P_{\text{Electric motor\_net}(i)}(t)}{3600 \cdot C_{\text{Battery}}} \tag{2.1-8}$$

式中:　SOC_0——动力蓄电池的初始荷电状态;

$\text{SOC}_{\text{Final}}(t)$——动力蓄电池的最终荷电状态;

$\Delta\text{SOC}_{(i)}(t)$——$t$ 时刻荷电状态差值;

$P_{\text{Electric motor\_net}_{(i)}}(t)$——考虑蓄电池效率 $\eta_{\text{Battery}}=90\%$ 所消耗的电功率；

C_{Battery}——蓄电池的容量，W·h。

为保证蓄电池系统的安全性，SOC 的运行范围在 20% ~95% 之间，假设初始 $SOC_0=95\%$。在 SOC 已知的情况下，可以用式(2.1-9)计算(kW·h/km)的能耗(Energy Consumption,EC)。

$$\text{EC}\left[\frac{\text{kW}\cdot\text{h}}{\text{km}}\right]=\frac{1}{3600000}\cdot\int_0^t P_{\text{Electric motor}_{\text{net}}}(t)\,\mathrm{d}t\cdot\frac{1}{d} \tag{2.1-9}$$

式中：d——距离，km。

2.1.2.3　*动力学计算方法*

新能源汽车在行驶过程中会消耗蓄电池的能量。新能源汽车能耗率(Energy Consumption Rate,ECR)表示单位行驶距离消耗的蓄电池电量。特斯拉电机首席技术官 J·B·施特劳贝尔分解了在不同恒定驱动速度下消耗的蓄电池容量的 5 种不同终端用途，即气动力损失、轮胎损失、传动系统损失、辅助损失和动力学/电位损失。蓄电池容量包括以下 5 种终端用途：

(1)气动力损失。

在新能源汽车高速行驶时，气动损失是 ECR 的重要组成部分。空气阻力对物体相对运动的作用力为 $\rho AC_\text{d}v^2d/2$，其中 ρ 为空气密度(kg/m^3)，A 为迎风面积(m^2)，C_d 为阻力系数，v 为速度(m/s)。因此，当新能源汽车行驶一段距离 d(m)时，由气动损失引起的 ECR(单位为 W·h/km)为：

$$e_{\text{air}}=\frac{1}{2}\rho AC_\text{d}v^2d\cdot\frac{1000}{3600} \tag{2.1-10}$$

式中：$\frac{1000}{3600}$——将 ECR 的单位从 J/m 转换为 W·h/km。

(2)轮胎损失。

轮胎损失是车辆轮胎克服路面滚动阻力所消耗的能量。滚动阻力的作用力由 $N\cdot C_\text{r}$ 决定，其中 N 为车轮对路面的垂向作用力，C_r 为由轮胎参数和路面条件决定的滚动阻力系数。车辆行驶一段距离 d(m)时，因轮胎损耗引起的 ECR 计算公式为：

$$e_{\text{tire}}=(W+f)gC_\text{r}\cos\Phi v^2d\cdot\frac{1000}{3600} \tag{2.1-11}$$

式中：W——车辆自重；

f——有效载荷，kg；

g——重力加速度；

C_r——滚动阻力系数；

Φ——路面转角。

(3)传动系统损失。

传动系统损失是车辆在车轮上将蓄电池中的能量转换为转矩的过程中产生的任何损失。这种损失被认为是施特劳贝尔发布的数据的多项式回归：

$$P_{\text{Dr}}=\alpha_{\text{Dr}}v^3+\beta_{\text{Dr}}v^2+\gamma_{\text{Dr}}v+C_{\text{Dr}} \tag{2.1-12}$$

式中：　P_{Dr}——传动系统损耗功率，W；

C_{Dr}——车辆不运动时整个传动系统的功率消耗，为常数；

α_{Dr}、β_{Dr}、γ_{Dr}——与车辆相关的系数；

v——速度，m/s。

行驶一段距离 d(m)时，由传动系统损耗引起的 ECR 为：

$$e_{Dr} = \frac{P_{Dr}d}{v} = (\alpha_{Dr}v^3 + \beta_{Dr}v^2 + \gamma_{Dr}v + C_{Dr})\frac{d}{v}\cdot\frac{1000}{3600} \tag{2.1-13}$$

(4)辅助损失。

辅助损耗被认为是车辆中的“所有其他”电气负载，包括空调(A/C)系统、车载计算机、音频、车灯以及调节蓄电池温度所必需的系统。辅助损耗总功率表示为 $P_{Anc} = P_{A/C} + P_{others}$，其中 $P_{A/C}$为空调系统功率(W)，P_{others}为车内所有其他辅助电系统功率(W)的加和。在距离为 d(m)、时间为 d/v(s)的新能源汽车中，由辅助损失引起的 ECR 可由下式计算：

$$e_{ancillary} = (P_{A/C} + P_{others})\frac{d}{v}\cdot\frac{1000}{3600} \tag{2.1-14}$$

(5)动力学/电位损失。

动力学/电位损失是由于速度和地形高度的变化，将化学能转化为动能/势能时从蓄电池中损失的能量。动力学/电位损失的瞬时功率由下式计算：

$$e_{kp} = (W + f)[dg\sin\Phi + a]\cdot\frac{1000}{3600} \tag{2.1-15}$$

式中：a——车辆加速度。

通过总结气动力、轮胎、传动系统、辅助和动力学/电位损失，NEV 的 ECR 公式如下：

$$\begin{aligned} E = e_{air} + e_{tire} + e_{Dr} + e_{ancillary} + e_{kp} = (W + f)[dg\sin\Phi + a]\cdot\frac{1000}{3600} + \\ \left(\frac{1}{2}\rho AC_d v^2 + \alpha_{Dr}v^2 + \beta_{Dr}v + \gamma_{Dr} + C_{Dr}v^{-1} + P_{A/C}v^{-1} + P_{others}v^{-1}\right)d\cdot\frac{1000}{3600} \end{aligned} \tag{2.1-16}$$

2.1.2.4　ECR 模型的线性化处理

基于非线性二次函数和反比例函数的线性化技术，对上述建立的 ECR 模型的线性部分进行线性化，具体如下：

$$e(v,f) = \alpha v^2 + \beta v + \gamma + \varphi v^{-1} + \chi f \tag{2.1-17}$$

式中：$e(v,f)$——ECR 函数；

v——速度，km/h；

f——载荷变量，kg。

式(2.1-17)中的系数表示为：

$$\left.\begin{aligned} \alpha &= (0.5\rho AC_d + \alpha_{Dr})/3.6 \\ \beta &= \beta_{Dr}/3.6 \\ \lambda &= [W(gC_r\cos\Phi\cdot g\sin\Phi + a] + \gamma_{Dr})/3.6 \\ \varphi &= (C_{Dr} + P_{A/C} + P_{others})/3.6 \\ \chi &= (gC_r\cos\Phi\cdot g\sin\Phi + a)/3.6 \end{aligned}\right\} \tag{2.1-18}$$

2.1.3 数据模型能耗计算方法

通过机器学习的手段可以使用大量的真实驾驶数据以及道路和交通信息来预测复杂分布式控制系统下新能源汽车的能耗。其通过经验学习和迭代优化来捕捉能量消耗与其影响因素之间非线性关系,对于处理非线性耦合问题也十分有效。本小节将介绍机器学习在新能源汽车能耗方面的应用。

2.1.3.1 线性回归模型

线性回归模型在一定程度上应用一部分物理概念或者能耗机理的变化,通过对出行所消耗的能量和运动学参数的实际测量值进行多元线性回归,基于该原理对车辆模型(上小节:动力学计算方法)建立线性模型。

1)多元线性回归模型

通过对出行所消耗的能量和运动学参数的实际测量值进行多元线性回归[3](Multiple Linear Regression,MLR),基于上述车辆模型(2.1.2 节中动力学计算方法)建立了线性模型:

令 $e_1(v)=\alpha v^2$、$e_2(v)=\beta v$、$e_4(v)=\varphi v^{-1}$,则 $e(v)$ 可以分别写成:

$$e(v)=e'(v)+\chi f=e_1(v)+e_2(v)+\gamma+e_4(v)+\chi f \tag{2.1-19}$$

式中:$e'(v)$——车辆空载时的 ECR;

χf——车辆有效载荷引起的附加 ECR。

式(2.1-19)存在两个非线性项:$e_1(v)=\alpha v^2$ 和 $e_4(v)=\varphi v^{-1}$,对这两项分别进行二次分量线性化和反比例分量的线性化处理,使能耗计算公式符合线性的要求。

(1)二次分量线性化。

通过二次分量的分段线性化对 ECR 模型进行线性化处理。基本非线性曲线 $e_1(v)=\alpha v^2$,即 $y=x^2$,如图 2.1-1 所示,可以用一组切线 Q 来线性替代。切线 $p,p\in Q$,表示为 $y=k_px+b_p$,其中 k_p 和 b_p 分别表示斜率和截距。然后,利用不等式(2.1-20)对 y 和 x 进行约束:

$$y\geqslant k_px+b_p \qquad \forall p\in Q,x\in[x_{\min},x_{\max}] \tag{2.1-20}$$

由方程确定 y 的最大偏差位于相邻两条切线的交点 A 上,对于任意两条相邻的切线,即切线 p 和$(p+1)$,它们的交点记为(x',y'),点 $x'=(x_p+x_{p+1})/2$ 和 $y'=x_px_{p+1}$。式(2.1-20)可以用来计算直线的切点,保证最大逼近误差小于给定的最大范围($\varepsilon\%$),即$\frac{x'^2-y'}{x'^2}\times 100\leqslant\varepsilon$。

$$\begin{cases}x_p=\mu^{p-1}v_{\min}\\ y_p=x_p^2\end{cases} \qquad \forall p=1,2,\cdots,\eta \tag{2.1-21}$$

$$\eta=\left[\frac{\ln v_{\max}-\ln v_{\min}}{\ln\mu}+1\right] \tag{2.1-22}$$

式中:$v_{\min}$——最小速度;

η——切线条数;

$\mu=(1+\sqrt{\varepsilon})/(1-\sqrt{\varepsilon})$。

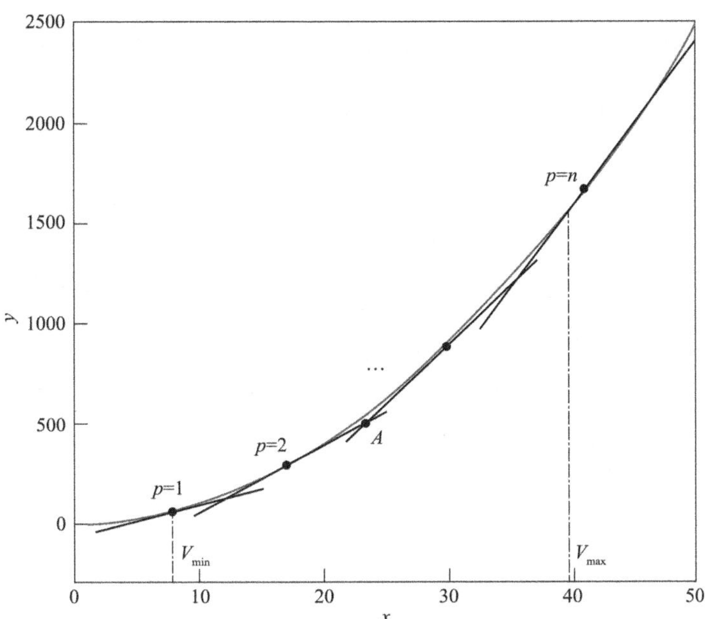

图 2.1-1　利用切线对非线性曲线 $y=x^2$ 进行线性化

为保证最大速度 v_{max} 被切向线覆盖，即 $v_{max} \leqslant v_\eta$；$\left[\frac{\ln v_{max}-\ln v_{min}}{\ln\mu}+1\right]$为正好在 $\frac{\ln v_{max}-\ln v_{min}}{\ln\mu}+1$ 上方的整数。

曲线 $y=x^2$ 上第 p 条切线的斜率和截距分别为：

$$\begin{cases} k_p = 2x_p = 2\mu^{p-1}v_{min} \\ b_p = -x_p^2 = -\mu^{2(p-1)}v_{min}^2 \end{cases} \quad \forall p = 1,2,\cdots,\eta \tag{2.1-23}$$

故在等式中存在以下不等式，式(2.1-24)可以用来线性化 $e_1(v)=\alpha v^2$：

$$e_1 \geqslant \alpha k_p v + \alpha b_p \tag{2.1-24}$$

(2)反比例分量的线性化。

$e_4(v)=\varphi v^{-1}$与 $t_{ij}=D_{ij}/v_{ij}$具有相同的数学表达式，即边界行程时间和行程速度线性化，具体如下：

对于给定的已知距离 D_{ij}的弧段(i,j)，行程时间 t_{ij}和行程速度 v_{ij}具有非线性关系，即 $t_{ij}=D_{ij}/v_{ij}$，可以用一组切线 P 来近似，用 $P=\{p_1,p_2,\cdots\}$表示，从最小速度(v_{min})到最大速度(v_{max})，如图 2.1-2 所示。每条切线 $p\in P$ 定义为 $t_{ij}\geqslant K_p^{(i,j)}v_{ij}B_p^{(i,j)}$，斜率为 $K_p^{(i,j)}$，截距为 $B_p^{(i,j)}$，过曲线 $t_{ij}=D_{ij}/v_{ij}$上的切点(v_p,t_p)。如果目标函数涉及最小化相对于行程时间的成本，那么行程时间 t_{ij}可以通过一组线性约束限制在一个下界值。关于行程速度 v_{ij}，有：

$$t_{ij} \geqslant K_p^{(i,j)}v_{ij}B_p^{(i,j)} \qquad \forall p \in P \tag{2.1-25}$$

利用公式确定行程时间 t_{ij}的最大偏差。式(2.1-25)位于相邻两条切线的交点上，如图 2.1-2所示的 A 点。因此，对于任意两条相邻的切线，即第 p 和$(p+1)$条切线，可以推导出交点的坐标为$\left(\frac{2v_pv_{p+1}}{v_p+v_{p+1}},\frac{2D_{ij}}{v_p+v_{p+1}}\right)$。令 t'_{ij}为行程时间 t_{ij}的近似值，则近似误差率(Approximation Error Rate, AER) 由$\frac{|t'_{ij}-t_{ij}|}{t_{ij}}\times 100\%$计算。显然，近似中切线条数的增加会导致较小的 AER。式(2.1-26)可用于计算保证最大近似误差率小于给定近似误差率 $\varepsilon\%$ 所需的切点，即$\frac{|t'_{ij}-t_{ij}|}{t_{ij}}\times 100\% \leqslant \varepsilon$。

$$\begin{cases} v_1 = v_{\min}, t_1 = D_{ij}/v_{\min} & \forall p = 1 \\ v_{p+1} = \mu v_p, t_{p+1} = D_{ij}/(\mu v_p) & \forall p = 2,\cdots,\eta \end{cases} \tag{2.1-26}$$

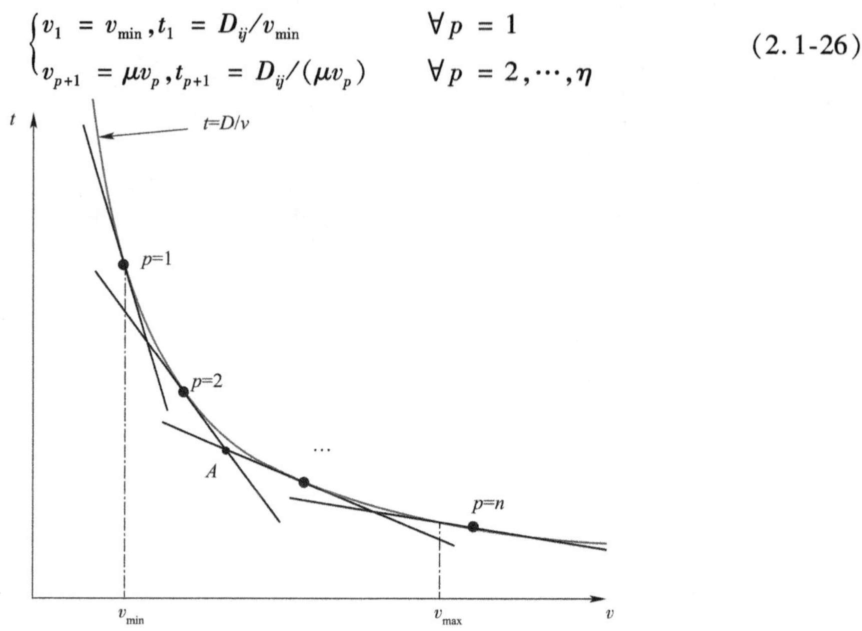

图 2.1-2　利用切线对时间-速度关系进行线性化

利用式(2.1-26)，对于 P 中任意一条直线的切点(v_p, t_p)，可以通过式(2.1-27)推导出来：

$$\begin{cases} v_p = \mu^{p-1}v_{\min} \\ t_p = D_{ij}/(\mu^{p-1}v_{\min}) \end{cases} \quad \forall p = 1,2,\cdots,\eta \tag{2.1-27}$$

因此，可以推导出曲线 $t_{ij}=D_{ij}/v_{ij}$上的第 p 条切线的斜率 $K_p^{(i,j)}$ 和截距 $B_p^{(i,j)}$ 对给定弧段(i,j)的路程为：

$$\begin{cases} K_p^{(i,j)} = -D_{ij}\mu^{2(p-1)}/v_{\min}^2 \\ B_p^{(i,j)} = 2D_{ij}\mu^{p-1}/v_{\min} \end{cases} \quad \forall p = 1,2,\cdots,\eta \tag{2.1-28}$$

令 $K_p = -\mu^{2(p-1)}/v_{\min}^2$, $B_p = 2\mu^{p-1}/v_{\min}$, $K_p^{(i,j)} = K_pD_{ij}$, $B_p^{(i,j)} = B_pD_{ij}$，式(2.1-10)可用式(2.1-29)代替：

$$t_{ij} \geqslant D_{ij}K_pv_{ij} + D_{ij}B_p \quad \forall p = 1,2,\cdots,\eta \tag{2.1-29}$$

由式(2.1-29)可知，K_p 和 B_p 与距离 D_{ij}无关，仅由 $v_{\min}$、$v_{\max}$和 ε 决定，即同一组 K_p 和 B_p 可以用来限定任意长度和行程速度的弧段的行程时间。此外，同一组 K_p 和 B_p 还可用于不同上下限速度的弧，即 $v_{\min}^{(i,j)}$ 和 $v_{max}^{(i,j)}$ 只要满足 $v_{\min}^{(i,j)} \geqslant v_{\min}$ 和 $v_{max}^{(i,j)} \geqslant v_{\max}$ 即可。

对于 $e_4(v)=\varphi v^{-1}$，利用式(2.1-30)将 e_3 与 v 联系起来，如下：

$$e_4 \geqslant \varphi K_pv + \varphi B_p \quad \forall p \in 1,2,\cdots,\eta \tag{2.1-30}$$

式中：K_p、B_p——$K_p = -\mu^{2(p-1)}/v_{\min}^2$、$B_p = 2\mu^{p-1}/v_{\min}$；$\mu = (1+\sqrt{\varepsilon})/(1-\sqrt{\varepsilon})$，$\varepsilon$ 为与实际值的最大允许偏差。

(3)线性模型是指通过参数的线性组合来实现预测目的的函数：

$$f(x) = \omega_1 x_1 + \omega_2 x_2 + \cdots + \omega_n x_n + b \tag{2.1-31}$$

式中：$f(x)$——能耗；

ω——关于自变量的回归系数；

b——错误率。

一般用向量形式写成：

$$f(x) = \boldsymbol{w}\boldsymbol{X} + \boldsymbol{b} \tag{2.1-32}$$

对式(2.1-19)中非线性项线性化进行处理后，该式为一个标准的线性模型，以 $e_1(v)$、$e_2(v)$、$e_4(v)$为能耗方程中的自变量，对应的能耗消耗率 $e(v)$为因变量，可以通过多元线性回归的方式对模型中的 α、β、γ、φ 和 f 进行求解。使用最小二乘法对参数进行估计。

$$\boldsymbol{X} = \begin{bmatrix} x_{11} & x_{12} & \cdots & x_{1r} \\ x_{21} & x_{22} & \cdots & x_{2r} \\ & & \cdot & \\ & & \cdot & \\ & & \cdot & \\ x_{n1} & x_{n2} & \cdots & x_{nr} \end{bmatrix},\quad \boldsymbol{w} = \begin{bmatrix} \omega_1 \\ \omega_2 \\ \cdot \\ \cdot \\ \cdot \\ \omega_r \end{bmatrix},\quad \boldsymbol{b} = \begin{bmatrix} b_1 \\ b_2 \\ \cdot \\ \cdot \\ \cdot \\ b_r \end{bmatrix} \tag{2.1-33}$$

式中的 $\boldsymbol{w}$ 用最小二乘法导出：

$$\boldsymbol{w} = (\boldsymbol{X}'\boldsymbol{X})^{-1}\boldsymbol{X}'f(x) \tag{2.1-34}$$

$$\dot{f}(x) = \boldsymbol{X}\boldsymbol{w} \tag{2.1-35}$$

式中：$\dot{f}(x)$——$f(x)$的预测值，误差是实际值与预测值之间的绝对差值。

计算回归系数 w，利用 MLR 方法结合式(2.1-19)，即可预测新能源汽车在出行中的能耗。

2) XGBoost 算法

极限梯度提升[4]（eXtreme Gradient Boosting，XGBoost）算法是一种广泛应用于实际问题的集成机器学习算法，在大型数据集上性能表现较好，并且仅需要较短的时间就能实现较高的精度。XGBoost 应用于回归问题时，会不断添加新的回归树，然后通过新生成的决策树拟合之前模型残差。按顺序执行这一步骤，可以确保模型在正确的轨道上找到真正的值。

目标函数的值越小，分类与回归树的结构越好。XGBoost 算法采用贪心算法遍历所有分割点，最后选取目标函数值最小的分割点。经过分割后的收益在选择最佳分割点时将是最大的。例如：一种基于机器学习方法的能耗预测框架，通过马尔可夫-蒙特卡罗算法实现未来行驶工况曲线预测，融合神经网络算法识别出拥堵工况、城市工况和高速工况三种类别，从三类行驶工况提取出特征参数，分别输入到相应的 XGBoost 算法中构建能耗预测模型，实现对未来行驶能耗的精准预测。

集成学习是机器学习的算法之一，其通过融合多个学习器来构建一个泛化能力和鲁棒性能强的模型。目前,集成学习如随机森林(Random Forest,RF)、梯度提升决策树(Gradient Boosting Decision Tree,GBDT)和 XGBoost 算法等应用广泛,XGBoost 算法相较于其他集成模型有以下优点:

(1)引入正则项和列抽样,提高模型鲁棒性。

(2)每棵树选择分裂点时,采用并行化策略提高模型运行速度。

(3)一定程度上克服计算速度和精度的限制,需要较少的训练和预测时间,支持多种目标函数,包括分类和回归。

在数学上,集成树模型可以写成以下形式:

$$\hat{y}_i = \sum_{k=1}^{K} f_k(x_i) \qquad f_k \in F \tag{2.1-36}$$

式中:$\hat{y}_i$——第 i 个样本的预测值;

$f_k(x_i)$——函数空间 $F = \{f(x) = w_{q(x)}\}$ 中的一个树函数。

数据集 $D = \{(x_i, y_i)\}$ 有 n 个样本和 m 个特征。每棵树函数 f_k 对应于一个结构 q 和叶子权重 w,总共有 T 片叶子,K 是树的数量。

带参数 θ 的目标函数如下式所示,目标函数包括两部分,前一部分是损失函数,后一部分是正则化项:

$$L(\theta) = \sum_i l(y_i, \hat{y}_i) + \sum_k \Omega(f_k) \tag{2.1-37}$$

式中:l——一个二阶可导损失函数,用于度量预测值 $\hat{y}_i$ 和目标 y_i 之间的差异;

$\Omega(f_k)$——正则化项,用来惩罚模型的复杂性。

梯度树提升是通过对模型进行迭代训练来实现的,树函数 f_t 被不断地添加到连续迭代中,以最小化损失函数。设 $\hat{y}_i^{t-1}$ 和 $\hat{y}_i^t$ 分别为第 i 个样本在迭代 $t-1$ 和 t 处的预测。设 $\hat{y}_i^t = \hat{y}_i^{t-1} + f_t(x_t)$,则第 t 次迭代的损失函数为:

$$L(\theta) = \sum_i l(y_i, \hat{y}_i) + \sum_k \Omega(f_k) \tag{2.1-38}$$

对上式进行泰勒展开,并令 $g_i = \partial_{\hat{y}_i^{t-1}} l(y_i, \hat{y}_i^{t-1})$、$h_i = \partial^2_{\hat{y}_i^{t-1}} l(y_i, \hat{y}_i^{t-1})$,用正则化项 $\Omega(f) = \gamma T + \frac{1}{2}\lambda \sum_{j=1}^{T} w_j^2$ 定义对模型复杂度的惩罚,去除常数项的情况下,迭代 t 处的损失函数近似于:

$$L^t \approx \sum_{i=1}^{n} \left[g_i f_t(x_i) + \frac{1}{2} h_i f_t^2(x_i) \right] + \gamma T + \frac{1}{2}\lambda \sum_{j=1}^{T} w_j^2 \tag{2.1-39}$$

将叶子 j 的实例集定义为 $I_j = \{i \mid q(x_i) = j\}$,定义 $G_j = \sum_{i \in I_j} g_i$、$H_j = \sum_{i \in I_j} h_i$,则:

$$L^t \approx \sum_{j=1}^{T} \left[G_j w_j + \frac{1}{2}(H_j + \lambda) w_j^2 \right] + \gamma Th \tag{2.1-40}$$

在分类与回归树的结构已经确定的情况下,通过求解上述方程得到叶子 j 最佳权重 w_j^* 的最优值和对应的目标函数最优值:

$$w_j^* = -\frac{G_j}{H_j + \beta} \tag{2.1-41}$$

$$\mathrm{Obj} = -\frac{1}{2}\sum_{j=1}^{T}\frac{G_j^2}{H_j+\lambda}+\gamma T \tag{2.1-42}$$

其中,目标函数的值越小,分类与回归树的结构越好。

XGBoost 算法不仅可以降低预测模型的复杂性,还可以提升能耗预测结果的准确性。对新数据进行预测来检测模型的可靠性,经检验,在 XGBoost 算法训练完毕并确定 XGBoost 算法模型的关键参数后,在离线状态下使用新的车辆数据对模型进行验证,基于 XGBoost 算法行驶能耗预测模型也有很好的有效性和鲁棒性。

3)支持向量机

支持向量机(Support Vector Machine,SVM)可以有效地避免过拟合问题,即使在数据不足的情况下,仍然保持良好的预测性能,其缺点是它的泛化性目标可能导致模型过度拟合数据集中的主导条件。支持向量机有三个主要功能:模式识别、回归预测和概率密度估计。支持向量机的基本思想是使用有限的训练数据在输入和输出之间建立连续的函数关系,以便回归预测值和输出值之间的误差较小。

支持向量机需要输入参数来探索规律,假设输入参数是一系列数据点(x_1,y_1),(x_2,y_2),$(x_3,y_3)\cdots$,(x_i,y_i),其中 x_i 是归一化输入参数(i 代表一个输入样本),y_i 是输入样本 i 下的归一化行驶能耗,样本总数为 i,使用式(2.1-43)表示:

$$y=f(x)=\omega\cdot\varphi(x)+b \tag{2.1-43}$$

式中:$\varphi(x)$——为从低维空间 x 非线性映射的高维特征空间。

对于系数 ω 和 b,通常使用最小化正则化风险函数(2.1-44)来求解:

$$\min_{\omega,b}\frac{1}{2}\|\omega\|^2+C\frac{1}{l}\sum_{i=1}^{l}L_\varepsilon(y_i,f(x_i)) \tag{2.1-44}$$

$\|\omega\|^2$ 为正则化项,$\frac{1}{l}\sum_{i=1}^{l}L_\varepsilon(y_i,f(x_i))$ 为经验误差,其定义如下:

$$L_\varepsilon(y_i,f(x_i))=\begin{cases}0 & |y_i-f(x_i)|\leqslant\varepsilon\\ |y_i-f(x_i)|-\varepsilon & \text{其他}\end{cases} \tag{2.1-45}$$

这定义了 ε 值的范围,因此如果预测值在该范围内,则损失为零;如果预测点在该范围外,则损失为预测值与该范围的距离 ε 之间差值的大小。C 为正则化常数,也称为惩罚因子,在使用时根据应用场景自行定义。

为了得到 ω 和 b 的估计,通过引入正松弛变量 ξ_i^*,将等式(2.1-44)转换为目标函数(2.1-46):

$$\min\frac{1}{2}\omega^2+C\frac{1}{l}\sum_{i=1}^{l}L_\varepsilon(y_i,f(x_i)) \tag{2.1-46}$$

利用拉格朗日函数和对偶方法求解(2.1-46),则可求得 SVM 的解为:

$$f(x)=\sum_{i=1}^{l}(a_i^*-a_i)K(x_i,x)+b \tag{2.1-47}$$

式中: a_i——引入的拉格朗日乘子;

$K(x_i,x)$——核函数。

2.1.3.2 神经网络算法

1）长短期记忆网络

由于长短期记忆网[5]（Long Short Term Memory，LSTM）具有特殊的门控结构，很大程度上克服了传统的循环神经网络（Recurrent Neural Network，RNN）对长时间序列的数据记忆性不够强的缺点。如图2.1-3所示，本节采用LSTM建立基于深度学习的新能源汽车能耗预测模型。其中，X_t 当前时刻的输入，h_{t-1} 为上一个LSTM单元的输出，C_{t-1} 为上一个元的记忆，当前网络的输出为 h_t，C_t 为当前单元的记忆。LSTM的遗忘门负责遗忘部分内容，选择性输入门选择部分 h_{t-1} 和 X_t，以避免模型过拟合。选择性输出门实现LSTM模型内部数据的选择性输出。

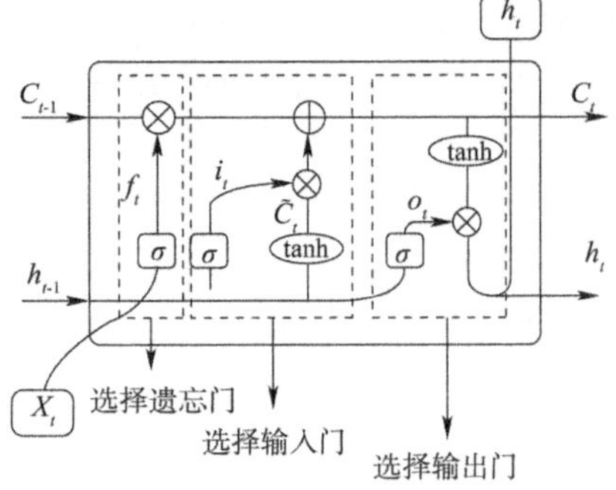

图2.1-3 具有选择性结构的长短期记忆神经网络

基于LSTM建立了表2.1-1所示的基于交通信息和车辆行驶状态信息的新能源汽车能耗预测模型，如图2.1-4所示。利用序列到序列（Sequence to Sequence）技术实现交通和新能源汽车多维数据的融合，并将数据融合的结果作为LSTM的输入。序列到序列是一种实现数据从一维序列到另一与原始数据维度不相同的序列映射的技术。该模型每隔1min将数据作为一个序列节点，将前55min的历史数据作为输入，输出未来5min交通网络中每辆新能源汽车的行驶能耗。

LSTM模型的训练数据 表2.1-1

交通信息数据	新能源汽车行驶工况数据
路段长度	SOC_0
平均速度	道路能耗
平均车流量	蓄电池电压
平均车流密度	蓄电池电流

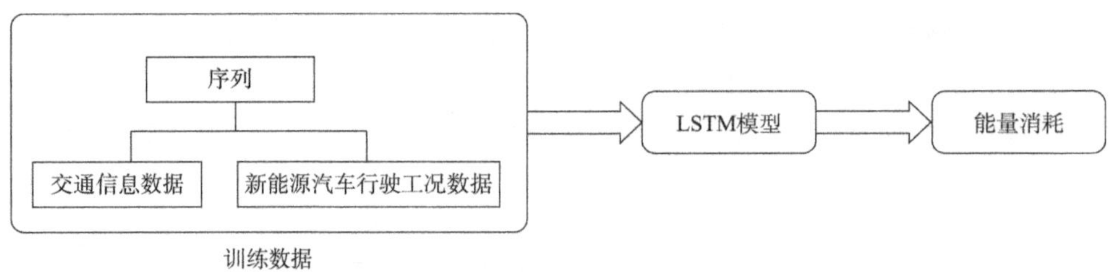

图2.1-4 新能源汽车能耗预测模型框架

完成LSTM模型训练后，分别使用平均绝对误差（MAE）和均方误差（MSE）对模型误差进行验证。

2）卷积神经网络

卷积神经网络（Convolutional Neural Network，CNN）因其池化机制和局部连接层这两个独特的特性,在图像中具有独特的学习能力。池化机制在保留重要特征的同时显著减少了训练网络所需的参数数量。在局部连接层中,该层的输出神经元仅与其局部输入神经元相连,而不像在全连接层中那样与所有输入神经元相连。这有助于CNN有效地从图像中提取关键的局部特征,因为每一层都试图为预测问题,提取不同的特征。

基于图像的CNN用于估计新能源汽车的能耗由两个模块组成:时间序列到图像编码器和基于图像的深度卷积神经网络。

(1)时间序列到图像编码器。

将道路高程、车辆的速度和牵引力等参数通过预处理算法[格莱姆矩阵角域(Gramian Angular Field,GAF)、协方差或特征向量],将时间序列数据转换为图像,并将生成的输出矩阵进行拼接,得到相应图像并将其输入CNN模型中。

(2)基于图像的深度卷积神经网络。

从时间序列到图像编码器模块中获取一组图像作为CNN模型的输入,模型产生一个输出集。定义在式(2.1-47)中的输出集Y是长度为100的一维数组O^i的集合,其对应蓄电池提供的瞬时功率。每个一维数组O^i表示时间序列的第i个分区,归一化到[0,1]范围内:

$$Y = \{ O^i \mid O^i \in R^{100 \times 1} \qquad i = 1,2,\cdots,m \} \tag{2.1-48}$$

2.1.3.3 回归分析和神经网络的优缺点

1)回归分析的优缺点

回归分析在分析多因素模型时,相对简单和方便,不仅可以求出完整的预测函数,还可以对预测结果进行残差检验,检验模型的精度。但回归方程式只是一种推测,这影响了因子的多样性和某些因子的不可测性,使得回归分析在某些情况下受到限制。

2)神经网络的优缺点

相比其他预测方法,神经网络预测模型的分类准确度高,并行分布处理能力强,分布存储及学习能力强,对噪声数据有较强的鲁棒性和容错能力,能充分逼近复杂的非线性关系,同时具备联想记忆的功能。但构建神经网络时需要输入大量的数据,构建过程中不能详细输出中间的学习过程,最终结果无法准确解释,降低了预测结果的可信度和可接受程度,部分网络的训练过程过长,甚至可能无最终训练结果输出。

2.1.4 新能源汽车能耗分析

新能源汽车在能耗测试中,参数校准和误差分析十分重要。参数校准主要是对关键参数进行检查和校准,以确保测试的准确性和稳定性。误差分析则是对测试数据进行有效性和精度的评估,找出误差来源,并进行修正。在实际测试中,参数校准和误差分析需要进行多次,以确保测试结果准确可靠。

此外,还需要对测试数据进行合理的处理和解读,推导出能耗模型,并针对模型进行验证和优化。综上所述,新能源汽车的能耗分析需要考虑多种因素,包括关键参数校准和误差分析等方面,才能得到准确可靠的测试结果,为提高交通运输效率和节能减排作出重要贡献,并为新能源汽车的研究和发展提供有力支撑。

2.1.4.1 参数校准

1)贝叶斯方法

(1)模型校准旨在从历史数据中寻找一组模型参数的可靠值来调整模型，使之与真实数据相匹配。考虑计算机模型以已知函数 y_m 作为模型输出快速运行的情况。以“现实 = 模型 + 偏差”的表述对建模假设进行形式化以及实际数据 $y_f(x)$ 的表示：

$$y_r(x) = y_m(x,u) + b(x) \tag{2.1-49}$$

$$y_f(x) = y_r(x) + \varepsilon_f = y_m(x,u) + b(x) + \varepsilon_f \tag{2.1-50}$$

式中：x——输入；

u——调谐参数；

$y_r(x)$——输入时真实过程的值；

$b(x)$——未知偏置函数；

ε_f——独立正态随机误差。

在贝叶斯方法中，所有的未知变量都由随机值表示。独立误差可以表示为均值为零、方差为 σ_f^2 的正态分布：

$$\varepsilon_f \sim N(0,\sigma_f^2) \tag{2.1-51}$$

为收集所有实际数据制作多元正态密度 y_f，实际数据可用 $f(y_f \mid u,\sigma_f,b)$ 表示，元素 u、σ_f、b 在模型中未知，其先验分布将由 $p(u,\sigma_f,b)$ 表示。贝叶斯定理给出了给定数据下未知量的后验密度 $p(u,\sigma_f,b \mid y_f)$：

$$p(u,\sigma_f,b \mid y_f) \propto f(y_f \mid u,\sigma_f,b)p(u,\sigma_f,b) \tag{2.1-52}$$

为了计算它们的后验密度，归一化常数需要通过对上式右边积分来确定，后验密度通常通过马尔可夫链蒙特卡罗(Markov Chain Monte Carlo，MCMC)分析得到。结果将是正态分布 N 从后验分布中提取出来描述未知数 u、σ_f 和 b。用 u_i、σ_{fi} 和 $b_i(i=1,\cdots,n)$ 对这些未知数进行采样，然后从这些样本中估计后验分布。

(2)模型校准过程：

①从参数的可能范围中选择初始值；

②模拟新能源汽车能量消耗与记录数据进行比较，得到测试参数的累计差值；

③根据测试参数差分的结果，计算未测试参数差分的条件均值和方差；

④对未测试参数的仿真结果进行分析，计算出参数的简化可能范围；

⑤重复模型校准过程，直至满足停止准则。

2)线性回归

线性模型是指通过参数的线性组合来实现预测目的的函数。

$$f(x) = \omega_1 x_1 + \omega_2 x_2 + \cdots + \omega_n x_n + b \tag{2.1-53}$$

$$\boldsymbol{w} = (\boldsymbol{X}'\boldsymbol{X})^{-1}\boldsymbol{X}'f(x) \tag{2.1-54}$$

式中：$f(x)$——能耗；

ω_1——关于自变量的回归系数，$i=1,2,\cdots,n$；

b——错误率。

确定自变量以及对应的因变量后，通过多元线性回归对模型参数进行求解以及使用最小二乘法对回归系数参进行估计，进而完成参数标定。

2.1.4.2　误差评估

1）决定系数（R^2）

R^2 是任何回归分析的重要性能指标，用来衡量线性模型在训练数据集上的拟合程度。一般地，R^2 越接近 1，表示回归分析中自变量对因变量的解释越好。

$$R^2 = \frac{\sum_i (\hat{y}_i - y_i)}{\sum_i (\hat{y}_i - \overline{y_i})} \tag{2.1-55}$$

式中：y_i——来自测试集的实际值；

$\hat{y}_i$——y_i 的预测值；

$\overline{y_i}$——y_i 值的均值。

2）均方根误差（Root Mean Square Error，RMSE）

均方根误差是另一种常用的统计指标，用于量化预测集与测试集之间的平均误差。RMSE 与被预测变量具有相同的单位。它由式（2.1-56）定义，简单来说就是残差或误差的标准差。RMSE 提供了一个模型的预测值与期望值之间平均距离的信息。

$$\text{RMSE} = \sqrt{\frac{1}{n}\sum_{i=1}^{n} (\hat{y}_i - y_i)^2} \tag{2.1-56}$$

式中：n——观测数。

3）平均绝对误差（Mean Absolute Error，MAE）

与均方根误差一样，平均绝对误差也常用来量化预测与测试集之间的平均误差量。代替计算残差的标准差，MAE 只是残差绝对值的平均值。RMSE 和 MAE 相似，RMSE 在平均化前对较大误差赋予较高权重。当平均绝对误差显著低于均方根误差时，表明残差值的离散程度较大。

$$\text{MAE} = \frac{\sum_{i=1}^{n} |y_i - \hat{y}_i|}{n} \tag{2.1-57}$$

2.2　新能源汽车生态驾驶模型

相比于传统的交通规划管理、改变出行结构以及开发新能源等方法，生态驾驶通过从根本上改变驾驶行为（采用缓慢加/减速、合理换挡、保持车速稳定等操作），可以达到交通节能减排的持续性效果。

网联环境下的生态驾驶控制策略[6]是基于传统车辆控制策略结合网联信息和智能决策形成的网联生态驾驶控制策略。新兴的网联自动驾驶汽车（Connected Automation Vehicles，CAV）技术使车辆获取道路信息和周围车辆信息成为可能。通过车路通信（Vehicle to Infrastructure，V2I）技术，车辆可以在到达交叉路口停车线前获取当前交叉路口的信号相位和配时（Signal Phase and Timing，SPaT）信息。合理规划车辆行驶速度可以防止车辆停车。绿波车速引导(Green Light Optimal Speed Advisory,GLOSA)是该思想的代表性控制策略,GLOSA 策略避免发动机怠速运行,提高交通效率和安全性。本节从生态驾驶影响因素及应用现状、单层优化模型、双层优化模型等方面对生态驾驶现有研究以及控制策略进行分析。

2.2.1 生态驾驶影响因素及应用现状

影响生态驾驶效果的因素众多,车辆自身特征、道路交通状况、驾驶人驾驶风格、自动驾驶车辆的渗透率等都能够对车辆的节能减排产生影响,且在考虑生态驾驶实现过程中还有很多需要解决的关键科学及技术问题;虽然欧盟提出的生态驾驶黄金规律和日本提出的"生态驾驶十法"给出驾驶人进行生态驾驶的要求,但交通的不断网联化、智能化以及该要求的本土化都不断地对生态驾驶提出新的要求,因此,本小节对网联环境下生态驾驶控制策略与驾驶应用的研究现状进行了总结分析。

2.2.1.1 生态驾驶影响因素[7]

1)车辆自身特征影响

车辆自身特征主要包括发动机、总质量、外形、轮胎等,这些车辆设计会直接影响能源消耗。在工况一定时,电动车辆的能耗和自重基本呈线性关系,因此,在满足车辆刚度和强度的前提下,应力求车身的轻量化,也可以考虑降低蓄电池质量。车辆在高速行驶时空气阻力是影响能耗的重要因素。

2)驾驶人个性特征影响

驾驶人的个性特征对生态驾驶效果同样会产生影响,对于相同的驾驶场景,不同的驾驶人存在着不同的生理与心理状况,从而会产生不同的驾驶行为。激进型的驾驶风格会导致更多的能源消耗,采取高能效的驾驶风格能够节约 15% ~20% 的能源消耗。由于驾驶人对生态驾驶的了解程度不高,其日常的驾驶习惯可以影响到车辆的排放情况,可以对驾驶人进行培训或进行操作建议,鼓励驾驶人采取生态驾驶行为,如避免突然停车和过多的怠速运行、温和地加速等,在保证驾驶安全与驾乘舒适的基础上,提升车辆的驾驶经济性。

3)道路交通状况影响

道路交通状况主要包括道路拥堵情况、道路类型、信号灯配时,以及交通主体等。车辆在有信号灯的交叉路口频繁地起停和怠速都会增加额外的能源消耗,合理的信号灯配时能够有效地降低车辆在有信号灯的交叉路口的排队等待时间,从而可以降低能耗;不同道路类型(高速公路、城市主干道、地方街道)中,城市主干道是最节省能耗的道路,由于高速公路和快速路一般都是自由流,所以车辆具有更高的瞬时能耗;道路类型在一定程度上会影响车辆的速度、加速度和减速度曲线。

4)社会因素影响

社会因素主要包括政府相关政策、经济手段刺激、社会宣传等方面,社会需求、政府政策强制性的法律法规能够促进生态驾驶的执行;不同类型的经济激励措施(生态驾驶的货币和非货币激励)对驾驶人驾驶风格有影响;有形的非货币激励能使平均能耗降低,且等值的货币奖励下平均能耗有较少的减少。干预对驾驶行为的影响取决于驾驶人的个体因素和驾驶动机。

2.2.1.2 生态驾驶指标选取

基于驾驶人驾驶行为的生态驾驶评价指标，为保证其可靠性，可以对评价结果进行科学合理的分析，要遵循以下原则：

(1)系统性原则。确保各个指标之间要有一定的逻辑关系。

(2)典型性原则。为能准确映射出生态驾驶行为的明显特征，应保证评价指标的典型性代表性。

(3)简明科学性原则。为保证选取指标的科学合理性，每一条指标选择应有一定的依据。

(4)综合性原则。驾驶行为整体性评价指标是将所有影响驾驶行为的内部和外部因素作为评价指标体系的一部分进行研究，不仅有驾驶人自身的生理及心理因素，还包括车辆状态指标以及外部环境特性。

2.2.1.3 生态驾驶原则

2003 年，日本生态驾驶促进联席委员会、生态驾驶促进咨询委员会联合业界所制定的“生态驾驶十法”最具全面性和代表性：

(1)轻点加速踏板平缓起步，将最初 5s 的时速保持在 20km 左右；

(2)尽量减少加速和制动的次数保持充分的车间距离；

(3)提前松开加速踏板，利用发动机制动器减速；

(4)尽量少用空调；

(5)停止不必要的空转；

(6)恰当暖机避免不必要的预热；

(7)充分利用道路交通信息，出发前预知交通状况；

(8)及时检查胎压；

(9)尽量减轻车载；

(10)注意停车场所，避免引起交通拥堵。

择其要点将之概括为“555 法”，即起步时用 5s 加速至 20km 时速，停车 5s 以上即关闭发动机，将目标时速降低 5km。

参考国内外生态驾驶相关文献，总结生态驾驶原则如下：

发动机转速在 2000 ~ 2500r/min 间为车辆最佳换挡时机；尽可能保证车辆挡位和车速匹配；提前预测路况，平稳驾驶；尽量减少停车次数；缓慢地加速和减速；尽量减少车辆换挡次数；合理地利用空挡滑行。

2.2.1.4 生态驾驶国内外应用现状[6]

随着互联网技术和信息传播技术的不断发展人们对社会环境的舒适性和节能环保的需求不断上升，在此背景下生态驾驶的应用主要分为三类：生态驾驶行为培训、生态驾驶辅助系统和生态型智能交通系统。

1)生态驾驶行为培训

人可以通过有计划和有目的的专项培训掌握或者提高从事某项活动的能力，这是由于大脑皮层具有系统性活动的机能，能够把这些“刺激”有规律地协调成一个条件反射链系统，由此形成动力定型。驾驶培训既是一个动力定型形成的过程,也是生态驾驶技术最直接的一种应用,培训主要依据于经验型生态驾驶策略,通过动态、静态的形式使驾驶人将节能的驾驶操作融入日常操作中,并增加其操作的熟练度和驾驶经验,形成一种驾驶习惯,达到长期节能的目的随着信息技术的高速发展,依据国内外学者建立的各类生态驾驶策略,对驾驶人以视觉、听觉、触觉的方式提供静态或动态的驾驶建议,促进行车过程中的节能减排。驾驶人生态驾驶培训的方式种类繁多,见表 2.2-1。

生态驾驶培训形式 表 2.2-1

培训类型	培训时间	培训形式	依托设备
静态驾驶建议	行车前	课堂讲解	PPT(演示文稿) 纸质材料 视频
		宣传视频	
		微视频	
	行车后	驾驶报告	纸质报告
		改进建议	
动态驾驶建议	行车中	视觉提醒	智能手机软件 车载计算机
		语音提醒	
		触觉踏板	

静态驾驶建议包含行车前的建议和行车后根据驾驶行为提出的建议,行车前一般以集中课堂讲解、宣传视频或微视频的方式对驾驶人进行生态驾驶理论知识的灌输。如:培训驾驶人如何节省燃料(平稳驾驶、保持最高挡位行驶、减少空调等附属设备的使用、尽快提升转速至合适范围、保持平稳转速等),减少正常驾驶时的排放量。动态驾驶建议主要基于采集的行驶数据,分析驾驶人驾驶风格,针对其自身驾驶风格提出节能减排的改进意见。

2)生态驾驶辅助系统

生态驾驶辅助系统通常可以为驾驶人提供动态生态驾驶建议,并在必要时对驾驶行为进行适当干预。在行车途中,生态驾驶辅助系统采集实时行车数据和道路环境信息,给驾驶人提供有时效性的驾驶建议(最佳速度曲线),提醒形式包含视觉显示、语音提示、触觉踏板等。

基于手机应用或车载平台的动态提醒策略,在驾驶过程中实时提醒,具有时效性,对于驾驶过程中的节能减排具有良好效果,但是实时提醒的影响因素多,系统建设很难做到全面细致。

3)生态型智能交通系统

生态型智能交通系统通过优化城市交通信息系统,从整个路网的角度,减少车辆的停车次数,缓解城市的交通拥堵。通过交通信号灯协同控制,平衡个体与集体的车辆运行效率,并为个体驾驶人提供个性化的信息服务。因此,其不仅提高道路运输效率缓解拥堵,减少能源消耗和污染物排放,还提升了交通监管效率,提高了道路交通安全水平。

生态驾驶还有一方面的应用是依托自动驾驶车辆的硬件设备为载体,利用能耗最优节能策略部分或全部代替驾驶人的操作,使自动驾驶车辆实现绿色环保出行,增加能源利用率。

2.2.2　单层优化模型

单层规划模型用于优化一个目标函数在一组约束条件下的取值。它的原理是通过数学建模,将问题转化为线性方程组,通过线性规划算法求解最优解。

2.2.2.1　有信号灯的交叉路口生态驶入与离开

有信号灯的交叉路口作为城市路网中连续交通流与间断交通流相互转化的关键节点,频繁的车辆起停及加减速变换行为极易造成较高能源消耗与通行率的降低,因此,有信号灯的交叉路口的车辆行为优化控制问题一直是研究的重点之一。有信号灯的交叉路口生态驶入与离开(Eco-Approach and Departure,EAD)是CAV通过车用无线通信技术(Vehicle to X,V2X)获取交叉路口信号灯相位、配时和周围车辆的运动信息,以车辆燃油经济性为主要目标,在交通约束条件下优化车辆的速度轨迹,避免车辆急加/减速,减少怠速时间,降低车辆燃油消耗。

1)基于三角函数模型瞬时速度引导车辆不停车策略

基于三角函数模型[8],根据车辆瞬时速度引导车辆不停车通过交叉路口。将车辆接收到信号相位和时间信息的情况作以下考虑:

(1)车辆提高其速度,并设法使其通过绿灯,没有减速或怠速;

(2)车辆以当前速度继续行驶,当交通信号灯变黄变红时,快速制动并在停车线处停车;

(3)车辆的驾驶人将脚从加速踏板上移开,适度制动,平稳地在停车线上停车;

(4)车辆适度提前制动至较低的恒定速度,然后继续巡航,使其通过绿灯而不空转。

对于这些不同的轨迹情况,能耗和排放差别很大,经研究:作为车辆,沿着信号干线行驶时,最好在可能的情况下以中速行驶。当它接近一个信号时,可以动态地调整它的速度以最小化油耗和排放。车辆的总体功能要求是:尽量在限速附近保持稳态车速;保持与前方车辆的安全车头间距;从不穿越红线上的交叉路口;最小化交通信号灯处的怠速时间;避免剧烈加速度。

基于三角函数模型瞬时速度引导车辆不停车策略通过信号灯配时和车辆距交叉路口停止线的剩余路程计算车辆目标平均速度,再依据车辆的瞬时速度引导车辆加/减速不停车通过交叉路口。为了保证轨迹平滑选择一簇以三角函数形式增长的速度曲线,模型的数学表达式为:

$$v=\begin{cases} v_1-v_2\cos(st) & 0\leqslant t<\dfrac{\pi}{2s} \\ v_1-v_2\dfrac{s}{a}\cos\left[a\left(t-\dfrac{\pi}{2s}+\dfrac{\pi}{2a}\right)\right] & \dfrac{\pi}{2s}\leqslant t<\dfrac{\pi}{2s}+\dfrac{\pi}{2a} \\ v_1+v_2\dfrac{s}{a} & \dfrac{\pi}{2s}+\dfrac{\pi}{2a}\leqslant t\leqslant\dfrac{d}{v_1} \end{cases} \tag{2.2-1}$$

式中:v——目标车速;

v_1、v_2——目标平均速度和速度差;

t——时间;

d——车辆与有信号灯的交叉路口的目标距离;

s、a——在满足最大功率、最大加速度或冲击等内在约束情况下，对能耗进行优化的 2 个控制变量，不同的 s 和 a 对应不同的减速度和变加速度。

该模型将车辆的目标速度分为 3 段：加/减速段、减/加速段和匀速段，具有模型简单、曲线平滑便于部署等优点。

2）基于动态规划的生态驾驶策略

基于动态规划的生态驾驶技术[9]，在固定的起点和终点、运行时间和轨迹条件下确定了新能源汽车的最佳速度曲线。有信号灯的交叉路口生态驾驶行为对车速、加速度和运行模式持续时间的规划反映了不同驾驶行为对新能源汽车能耗的影响，驾驶人在接近交通信号灯时有必要采用合适的速度曲线以节约能源。通过生态驾驶模型给出使新能源汽车在接近有信号灯的交叉路口时能耗最小的最优驾驶策略。

通过交通信号灯对车通信（Traffic Light To Vehicle Communication，TLVC）向车辆发送信号相位和配时（Signal Phase and Timing，SPaT）信息。基于该信息提供实时速度建议以优化车辆运行轨迹。初始状态定义为 NEVs 开始接收通过交叉路口的状态。给定 NEVs 发送的 SPaT 信息，在接近交通信号灯时，相应的初始速度可能会发生变化。一旦经过交叉路口，就会返回初始速度。因此，速度变化越大，交叉路口下游恢复到初始速度所消耗的能量越大。建立由交叉路口上游和下游的速度曲线两部分组成的生态驾驶模型。

（1）交叉路口上游。

能量经济性，生态驾驶模型通过避免怠速时间来最小化能量消耗，同时关注巡航速度和最小化加速或减速时间，并通过踏板保持车辆平稳行驶。根据当前交通信号状态，对应到交叉路口的行程时间：

$$t \in \begin{cases} [t_{gb}, t_{ge}] & s = s1 \\ [0, t_{ge}] \cup [t_{gbn}, t_{gen}] & s = s2 \end{cases} \tag{2.2-2}$$

式中：t_{gb}、t_{ge}——绿色阶段开始和结束的时间；

t_{gbn}、t_{gen}——对应下一个绿色相位信息；

$s1$——当前交通信号为绿色；

$s2$——当前交通信号灯为红色或黄色。

①用于加速的速度曲线设计。

假设一辆 NEVs 在 ts 内到达交叉路口，保证了车辆能在绿灯期间通过交通信号灯。由于新能源汽车在距离交叉路口 $d$km 的城市道路上以 $v_0$km/h 的速度行驶，通过 TLVC 技术给出驾驶行为建议。如图 2.2-1 所示，若新能源汽车从开始以 $v$km/h 的速度巡航，由式（2.2-3）给出，则车辆将在特定时刻到达交叉路口。然而，当前速度与目标速度之间存在客观差异，因此采取措施调节速度十分必要。针对车辆一旦经过交叉路口后回到初始速度 $v_0$km/h 的情况，重要的是使 v_0 和 v 之间的差异尽可能小。此外，为保证新能源汽车在 ts 内行驶距离 $d$km，需使 $s_1 = s_2 + s_3$。考虑基本运动方程，推导出 NEVs 加速时的速度曲线方程为式（2.2-3）~式（2.2-9）。

$$v = \frac{d}{t} \tag{2.2-3}$$

$$\min \quad v - v_0 \tag{2.2-4}$$

$$s_1 = \frac{(v - v_0)^2}{2a} \tag{2.2-5}$$

$$s_2 = \frac{(v_0 + at_1 - v)^2}{2a} \tag{2.2-6}$$

$$s_3 = (v_0 + at_1 - v)(t - t_1) \tag{2.2-7}$$

$$s_1 = s_2 + s_3 \tag{2.2-8}$$

$$\frac{(v - v_0)^2}{2a} = \frac{(v_0 + at_1 - v)^2}{2a} + (v_0 + at_1 - v)(t - t_1) \tag{2.2-9}$$

其中,未知量为加速度值 a m/s^2 和加速时间 t_1s。为简单起见,我们首先假设加速时间等于 t,即驾驶人在 ts 内以最小加速度行驶到交叉路口。当加速度值大于 1 m/s^2 时,新能源汽车必须采取减速策略。

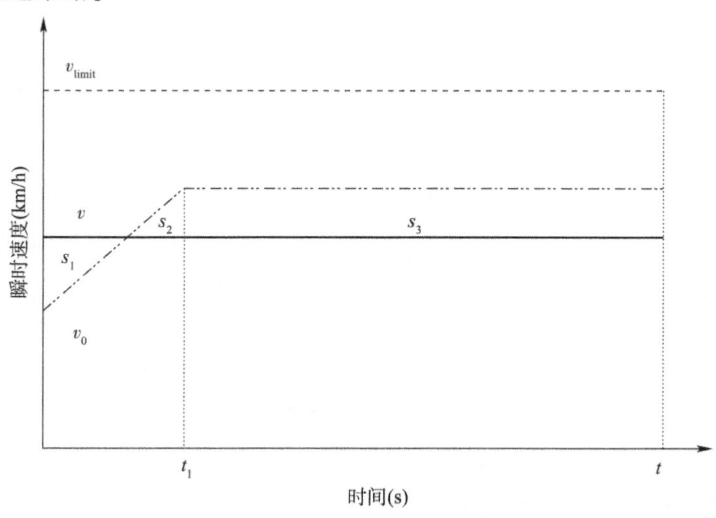

图 2.2-1　接近车辆加速时的速度曲线

②减速段速度曲线设计。

减速段速度曲线设计方法与加速段速度曲线设计方法类似。如图 2.2-2 所示,根据当前速度 $v_0$km/h 和当前距离交叉路口位置 $d$km,计算理论速度 $v$km/h。当要求新能源汽车减速时,t_1 表示减速时间,t 表示由式(2.2-2) ~ 式(2.2-4)确定到达交叉路口的行驶时间。为了不妨碍后方车辆的正常行驶,一旦车速减慢到最低限速时,新能源汽车必须以这个给定的速度行驶。与以前一样,为了保持平静的驾驶风格,最小减速度的值必须小于 1m/s^2。新能源汽车以 $v_0$km/h 的速度在距离交叉路口 $d$km 处接收 SPaT 信息的初始状态应满足式(2.2-10)的要求:

$$\frac{3.6v_0 - 1000d/t}{t} \leqslant 1 \tag{2.2-10}$$

方程(2.2-10)可以改写为:

$$\frac{v_0^2}{d} \leqslant \frac{4000}{3.6^2} \tag{2.2-11}$$

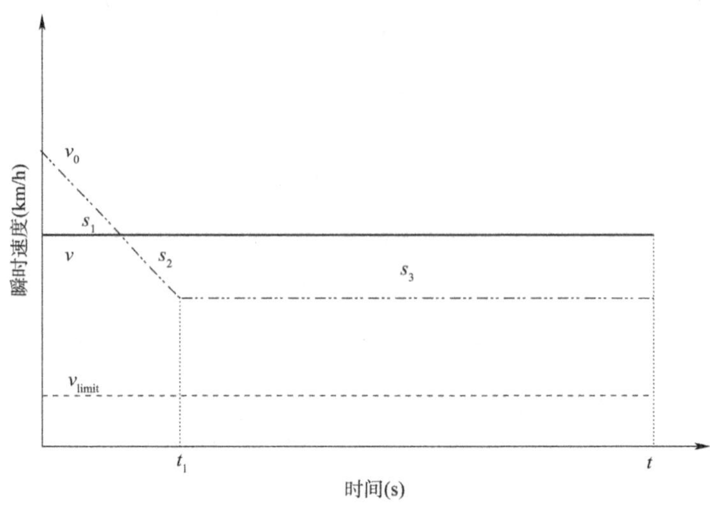

图 2.2-2　减速趋近车辆速度曲线

(2)交叉路口下游。

新能源汽车通过交叉路口后,驾驶人通常会采取相应的操纵以恢复到初始速度 $v_0$km/h。交叉路口下游消耗的能量取决于通过交通信号灯时的速度变化。根据人们的驾驶习惯,假设新能源汽车的速度恢复到 $v_0$km/h,最大生态驱动加减速为 1m/s^2。最终,新能源汽车通过交叉路口的整体能耗由进入和通过交叉路口后车辆速度变化所产生的能耗组成。

2.2.3　双层优化模型

双层规划问题就是目标函数中的一组变量被约束为另一优化问题的最优解;或者说,就是一个优化问题的参数受限于另一个优化问题,这两个问题相互影响。上层速度规划和下层能量管理的双层优化模型在生态驾驶中应用较为广泛。

2.2.3.1　速度规划与能量管理策略[10]

在不考虑其他交通参与者和横向运行的情况下,考虑驾驶环境中交通信号灯控制,以纵向速度轨迹为优化目标。

假设:沿线交通信号灯的位置和 SPaT 信息可以通过无时延的 V2I 通信完全获取。

1)上层速度规划

总数量为 N 的交通信号灯以总长度 s_f 沿给定路线进行空间索引。第 i 个交通灯的位置用 $S^i \in [0,s_f]$,$i \in \{1,2,3,\cdots,N\}$ 表示;对于红灯时长 T_r^i和绿灯时长 T_g^i的第 i 个交通信号灯,其绝对行驶时间 t 对应的周期时间 t_l^i 定义为:

$$t_1^i(t) = (t_{10}^i + t)\bmod T^i \tag{2.2-12}$$

式中:T^i——信号周期,$T^i = T_g^i + T_r^i$;

t_{10}^i——t_1^i 的初始值,$t_{10} \in [0,T^i]$;

t_1^i——零值定义在红灯开始时刻。

t_p 时刻对车辆的交通信号灯约束为:

$$t_1^i(t_p^i) \geqslant T_r^i \tag{2.2-13}$$

式中：t_p^i——车辆通过第 i 个交通信号灯路口的绝对时间。

2）交通信号灯约束

已知车辆经过哪些绿灯窗口以及车辆的上、下参考轨迹，可将非线性交通信号灯约束转化为时变线性状态约束，采用一种改进的智能驾驶模型（IDM）来确定车辆通过的绿灯窗口并提供上轨迹超车。

较低的轨迹以分段线性的形式通过所选绿灯窗口的末端，即使对车辆动力学不可行，也不能超过上参考轨迹。

原始 IDM 加速度 a_{IDM} 为：

$$a_{IDM} = a_{max}\left[1 - \left(\frac{v}{v_{max}}\right)^4 - \left(\frac{s^*(v,\Delta v)}{\Delta x}\right)^2\right] \tag{2.2-14}$$

$$s^*(v,\Delta v) = s_0 + \max\left[0, vt_{hw} + \frac{v\Delta v}{2\sqrt{a_{max}b}}\right] \tag{2.2-15}$$

式中：　Δv——与前车的速度差；

Δx——与前车的相对距离；

$s^*(v,\Delta v)$——期望的距离；

s_0——阻塞距离；

t_{hw}——期望的时间间隔；

b——对舒适性的期望减速，$b = |a_{min}|$。

即将到来的交通信号灯被视为前车，我们假设改进的 IDM 可以在人眼视觉距离 S_{HD} 处预览交通信号状态。修正后的加速度 a_{M-IDM} 改写为：

$$a_{M-IDM} = \begin{cases} a_{IDM}, & P_{tss}(s + S_{HD}) = 0 \\ -\dfrac{v^2}{2\Delta x}, & P_{tss}(s + S_{HD}) = 1 \end{cases} \tag{2.2-16}$$

式中：P_{tss}——交通信号状态，1 表示交通信号为红色，0 表示交通信号灯为绿色或人类视野之外。

上轨迹上界可以通过 a_{M-IDM} 计算得到。

行驶距离的时变约束和在空间域对应的时间约束分别为

$$s_{lower(t)} \leqslant s(t) \leqslant s_{upper(t)} \tag{2.2-17}$$

$$t_{lower(t)} \leqslant t(t) \leqslant t_{upper(t)} \tag{2.2-18}$$

$t_{lower(t)}$、$t_{upper(t)}$ 分别对应 $s_{lower(t)}$、$s_{upper(t)}$，进一步简化问题，最终行驶时间由式（2.2-19）得出：

$$t_f = \frac{t_{lower}(s_f) + t_{upper}(s_f)}{2} \tag{2.2-19}$$

为保证车辆在 t_f 时刻到达目的地，下轨迹 s_{lower} 的末端从 $t_{upper}(s_f)$ 重新调整到 t_f。并且，下方轨迹在前几秒的速度为 0，以保证车辆能够以较低的加速度起步。

3）车辆动力学和成本函数

以加速度 a 为控制变量，为使电机总电功率 J_{upper} 为关于 a 的二次函数。

在式(2.2-20)的最后一项中引入平均速度 $\bar{v}=s_f/t_f$ 来近似实时速度 v，代价函数改写为式(2.2-21)：

$$J_{\text{upper}} = \int_0^{t_f} M\left(av + Gf_r v + \frac{\rho A C_d v^3}{2M}\right) \tag{2.2-20}$$

$$J_{\text{upper}} = \int_0^{t_f} M\left(av + Gf_r v + \frac{\rho A C_d \bar{v}}{2M} v^2\right) \tag{2.2-21}$$

式中：v、M、f_r、A——车辆的速度、质量、滚动阻力系数和迎风面积。

4）速度规划的凸形式

速度规划子问题的离散凸形式为：

$$\begin{gathered}
\min_a \quad J_{\text{lower}} = \sum_{k=0}^{N-1} M\left(a_k v_k + Gf_r v_k + \frac{\rho A C_d \bar{v}}{2M} v_k^2\right) \\
\begin{pmatrix} s \\ v \end{pmatrix} = \begin{pmatrix} \Psi_v \\ \Psi_{v_0} + \Psi_a \end{pmatrix} \\
s_{\text{lower,k}} \leqslant s_k \leqslant s_{\text{upper,k}} \\
v_{\min} \leqslant v_k \leqslant v_{\max} \\
a_{\min} \leqslant a_k \leqslant a_{\max}
\end{gathered} \tag{2.2-22}$$

式中：$N = \text{round}(t_f) \in \mathbb{N}$；

Ψ——$(N-1)\times(N-1)$的下三角矩阵。

2.2.3.2 下层能量管理

选择化学功率 P_{OC} 作为控制变量，蓄电池动力学改写为：

$$\text{SOC} = \frac{P_{OC}}{Q_{\text{bat}} V_{OC}} \tag{2.2-23}$$

成本函数：

$$J_{\text{lower}} = \int_0^{t_f} \varphi(P_{\text{mot,e}} - P_{\text{bat}}(P_{OC}))\,dt \tag{2.2-24}$$

其中蓄电池的输出功率 P_{bat} 和化学功率 P_{OC} 满足式(2.2-25)、式(2.2-26)：

$$P_{\text{bat}} = g(P_{OC}) = P_{OC} - \frac{R_0}{V_{OC}^2} P_{OC}^2 \tag{2.2-25}$$

$$P_{OC} = g^{-1}(P_{\text{bat}}) = \frac{V_{OC}^2}{2R_0}\left(1 - \sqrt{1 - \frac{4R_0}{V_{OC}^2} P_{\text{bat}}}\right) \tag{2.2-26}$$

$P_{\text{bat}} \leqslant P_{\text{bat,max}} = \dfrac{V_{OC}^2}{4R_0}$，$P_{OC} \leqslant \dfrac{V_{OC}^2}{2R_0}$，采用二次函数 $\hat{\varphi}$ 对燃料蓄电池系统的氢耗率进行拟合。

$$\hat{\varphi}(P_{\text{fcs}}) = \alpha_2 P_{\text{fcs}}^2 + \alpha_1 P_{\text{fcs}} + \alpha_0 \tag{2.2-27}$$

$$P_{\text{fcs}} = \frac{R_0}{V_{OC}^2} P_{OC}^2 - P_{OC} + P_{\text{mot,e}} \tag{2.2-28}$$

式中：$\alpha_1 > 0$，$\alpha_2 > 0$。在$[0, P_{\text{fcs,max}}]$的可行范围内 $\hat{\varphi}$ 为 P_{fcs} 的凸增函数。

能量管理子问题的离散凸形式为：

$$\min_{P_{OC}} \quad J_{lower} = \sum_{k=0}^{N-1} \hat{\varphi}_k (P_{mot,e,k} - g_k(P_{OC,k}))$$

$$SOC = \Phi SOC_0 - \frac{\Psi P_{OC}}{Q_{bat} V_{OC}}$$

$$SOC_{min} \leqslant SOC_k \leqslant SOC_{max}$$

$$P_{OC,min,k} \leqslant P_{OC,k} \leqslant P_{OC,max,k} \tag{2.2-29}$$

$$P_{mot,m} = \frac{F_{drv} v}{\eta_{FD}} \tag{2.2-30}$$

$$P_{mot,e} = P_{mot,m} \eta_{mot}^{-sgn(P_{mot,m})} \tag{2.2-31}$$

$$P_{OC,min,k} = g_k^{-1}(\max\{P_{bat,min}, P_{mot,e,k} - P_{fcs,max}\}) \tag{2.2-32}$$

$$P_{OC,max,k} = g_k^{-1}(\min\{P_{bat,min}, P_{mot,e,k} - P_{fcs,max}\}) \tag{2.2-33}$$

式中： F_{drv}——电机提供的机械力；

η_{FD}——最终驱动效率；

$P_{mot,m}$、$P_{mot,e}$——驱动电机的机械功率和电功率。

2.3 电动公交车调度

电动公交车具有零排放、低噪声、驾驶操作简单等优势，对于降低化石燃料依赖、减少城市机动车尾气排放、降低公交企业运营成本、助力实现“双碳”目标具有重要意义。由于其显著的环境效益，大多数城市的公交车队电气化速度将会提升。然而，电动公交车有续驶里程有限、充电时间长、需要特殊的充电基础设施等不足，这使其灵活性低于传统柴油公交车。由于电动公交车技术的限制，目前的公交运输规划问题需要进一步调整。电动汽车的调度被公认为是一个发展迅速的研究领域。给定一组有时间表的出行和充电站，电动公交车调度问题关心的是找到一个覆盖出行的车辆时刻表，满足电动公交车的续驶里程和充电需求，同时最小化运营成本。

2.3.1 公交车调度相关概念

公共交通发展对建设可持续的城市，为社会和经济发展提供机会，同时减少对环境的不利影响具有重要意义。公共交通是城市可持续发展的重要支柱，通过提供基础设施和服务保证人们日常出行安全、增强流动性。一个可持续的交通系统可以防止严重的交通拥堵、道路事故、空气和噪声污染。然而，由于城市公共交通系统的规模和复杂性，规划、运营和控制城市公共交通系统具有挑战性。在交通规划过程中涉及政府、公共交通运营企业和乘客，三方目标各不相同。具有不同的社会经济特征的公交乘客均期望获得高水平的出行服务：交通系统应该是安全、可达、舒适、快捷且负担得起的。运输公司的目标是在最小化整体运营成本的同时，为乘客提供高质量的服务。公交车的维护和调度是影响运营成本的主要因素，电动公交车的调度问题是以运营时刻表为基础并带有续驶能力、能源补充需求约束的问题，其通过制定覆盖所有单程、有序的车辆调度方案，要求每个单程任务被且仅被某一辆车执行一次。

2.3.1.1 术语定义

为了能够科学、切确地描述车辆调度问题[11]，定义以下术语：

(1)单程：对应时刻表上的一趟发车任务，具有首末站地点、发车时间、单程服务时间、单程耗电量等属性。

(2)空驶：车辆在非运营路段的行驶，包括从一个单程终点驶往下一个单程起点的空驶、首末站与车场间的空驶等。

(3)等待：车辆完成前一单程任务后，在下一单程的出发地点停留等待再发车的时间。

(4)车次链：一辆车的全天行车计划，包括从车场出发，然后按发车时间先后顺序逐个执行分配给它的全部单程任务，最后返回车场，单程间的衔接中可能有空驶、等待、充电等行为。

(5)车辆调度方案：由若干条车次链组成，其中覆盖全天全部的单程任务。

(6)车队规模：执行全天的单程任务需要用到的车辆数，即车辆调度方案中的车次链数量。

2.3.1.2 充电方式

电动公交车的能源补充主要为以下两种方式：

(1)直接充电。

当电动公交车在运营过程中电量不足时去充电站进行充电，直接充电不需要公交运营企业配备专门的电动公交车蓄电池更换站，可以降低投资，节约建设成本，减少土地资源投入。同时不需要频繁拆卸蓄电池，对车架和电极的损害极小。直接充电按充电速度可分为快充和常规充电两种方式，其中快充一般采用直流电动机在短时间内利用较大电流进行快速充电，但其电流的利用率较低，会造成一定量的电能浪费。大功率的快速充电过程在对配电系统带来一定冲击的同时也会对蓄电池产生折损也比常规充电要大，影响蓄电池的使用寿命。

(2)换电方式。

当电动公交车电能即将耗尽时，开往换电站，将电量即将耗尽的蓄电池组更换为已充满电的蓄电池组。具体流程：待更换蓄电池的电动公交车驶入换电车间，有员工或机器人进行蓄电池更换，并将换下的蓄电池组进行故障诊断，并将蓄电池根据是否有故障进行分组，对故障蓄电池进行维护，无故障蓄电池进行统一编号进行配组，更换完毕后电动公交车驶向下一个任务点。换下来的蓄电池可以统一进行充电管理，选择在晚间充电，低谷时期根据电网负荷情况进行有序的慢充，充分利用电网负荷的峰谷分布减少对电网的冲击和影响。换电方式采用夜间慢充可有效延长蓄电池使用时间，充电方式是影响蓄电池寿命的一个重要因素，蓄电池进行过度充电和过度放电都会造成一定的蓄电池寿命的衰减，慢充虽然时间较长，但可以尽量避免蓄电池电量的衰减，有利于延长蓄电池的使用寿命。换电方式在补充电能迅速、延长蓄电池使用寿命等方面具有优势。

2.3.1.3　优缺点

国内的城市公交车中电动公交车的占比不断上升。相较传统的燃油公交车，电动公交车具有以下优势：

(1)减少碳排放。在相同的运营环境下，纯电动公交车相较于柴油公交车，其能源链全生命周期能够减少约61.20%的CO_2排放量。

(2)乘坐体验更佳。电动公交车在起动和制动时车辆运行更平稳，乘坐舒适。

(3)电力调峰。电动公交车一般在白天载客运营少量充电，夜间用电波谷期集中充电。既能够享受夜间的低电价为企业降低运营成本，又能起到电力调峰的作用。

电动公交车也存在以下缺点：

(1)电动公交车的蓄电池的能量密度较低，因此续驶里程较短，存在“里程焦虑”。

(2)随着充放电次数的上升，蓄电池容量会不断衰减，并且放电深度越大蓄电池容量衰减越严重。

(3)充电速度慢。

2.3.2　电动公交车辆调度模型

电动公交车辆调度问题以运营时刻表为基础，其目的是制定覆盖所有单程任务的有序的行车计划，其目标通常是最小化总运营成本。此外，由于影响电动公交车车辆调度的因素较多(尤其是多车场车辆调度问题)，在不影响模型普适性的条件下，忽略一些影响因素，作出以下假设：

(1)电动公交车每公里耗电量相等，不考虑路况条件等因素。

(2)电动公交车行驶每公里所需时间相等，不考虑路况条件和交通拥堵带来的影响。

(3)电动公交车充电速率保持一致，充电量和充电时间成正比。

(4)电动公交车不允许连续访问两次充电站，从充电站驶出后至少再承担一项车次任务，才能再次驶进充电站进行充电。

2.3.2.1　单车场车辆调度

给定一个公交站点，一组带有出发和到达时间以及所有公交站点对之间旅行时间的时刻表行程，单车场车辆调度[12]问题(Single Depot Vehicle Scheduling Problem，SDVSP)的目标是找到一个最小成本的时刻表，其中每个行程分配给一辆车每辆车在公交场站起止并执行可行的行程顺序。

这样的序列被称为块。每个街区往往以空动开始，即没有乘客的移动，从公交场站开始，以空动到公交场站结束。此外，在不结束的行程之间放置空行程，并在同一公交站点开始。这些空洞的举动往往被称为“死脑筋”。一个街区的成本通常包括固定成本和可变成本，后者是基于车辆在白天所覆盖的总距离，单位为km。已知SDVSP在多项式时间内可解。其被建模为线性分配问题、运输问题、最小费用流问题、准分配问题和匹配问题。

带路线时间约束的单站车辆调度模型，考虑了电动公交车的运行特点，包括目标函数、运行约束和具体约束。该调度模型采用两个独立的目标函数，以最小化电动公交车车队的固定资本投资和充电站的总充电需求为目标。

模型中涉及两组不同的输入数据：常规公交调度过程的参数；蓄电池编号 b、充电时间 t_c^b 等来计算备用蓄电池的数量。

假定有 n 趟车从单个车站 o 出发由车辆提供服务。每个行程 i 有一个行程长度 l_i，一个开始时间 t_s^j 和一个结束时间 t_e^i。如果一次出行的起始时间大于另一次出行的结束时间，再加上对车辆进行必要的修理的操作间隔，则可以由同一辆车服务。

模型的数学公式如下：

$$\min Z_1 = \sum_{k=1}^{m}\sum_{b=1}^{u} P_{r1}x_k + P_{r2}y_b \tag{2.3-1}$$

$$\min Z_2 = \sum_{k=1}^{m}\sum_{i=1}^{n}\sum_{j=1}^{n} C_{kij}x_{kij} + \sum_{k=1}^{m} x_k \tag{2.3-2}$$

公交调度的运行约束，保证车辆段的出行连通性和流量均衡性：

$$\sum_{k=1}^{m}\sum_{j=0}^{n} x_{kij} = 1 \qquad i \neq j, i \in \{1,2,\cdots,n\} \tag{2.3-3}$$

$$\sum_{k=1}^{m}\sum_{j=0}^{n} x_{kij} = 1 \qquad j \neq i, j \in \{1,2,\cdots,n\} \tag{2.3-4}$$

$$t_{ij}x_{kij} \leqslant t_s^j - t_e^i \tag{2.3-5}$$

$$\sum_{k=1}^{m}\sum_{i=0}^{n} x_{k0i} = \sum_{k=1}^{m}\sum_{j=1}^{n} x_{kj0} \tag{2.3-6}$$

新能源汽车每次充电的最大续驶里程小于指定的出行链：

$$\sum_{i\in n}\sum_{j\in n} x_{kij}(l_{0i} + l_i + l_{ij} + l_j) \leqslant R_k \tag{2.3-7}$$

定义不同出行之间的运行间隔：

$$t_{ij} = \begin{cases} t'_{ij} & \text{如果车辆 } k \text{ 更换蓄电池} \\ t_{ke} + t'_{ij} & \text{其他} \end{cases} \tag{2.3-8}$$

车辆更换蓄电池的充电时间：

$$t_c^{bi} = 3(95\% - S_i^b\%) \cdot 60\text{min} + 15\text{min} \tag{2.3-9}$$

保证了公交场站 o 的最大可用车辆数：

$$\sum_{k=1}^{m} x_k \leqslant m \tag{2.3-10}$$

所有变量均为整数，P_{r1} 为安装了一套动力蓄电池的新能源汽车的价格；P_{r2} 为备用蓄电池组的价格；C_{kij} 为 0-1 变量，当 $C_{kij}=1$ 时车辆 k 在行程 i 和行程 j 之间更换蓄电池；x_k 为 0-1 变量，当 $x_k=1$ 时，车辆 k 至少运行一次出行；x_{kj} 为 0-1 变量，当 $x_{kj}=1$ 时，行程 j 由车辆 k 运行；x_{kij} 为 0-1 变量，当 $x_{kij}=1$ 行程 j 先于行程 i 由同一车辆 k 运行；t'_{ij} 为行程 i 和行程 j 之间的必要恢复时间；t_{ke} 为车辆更换蓄电池的时间；t_c^{bi} 为行程 i 后蓄电池 b 的充电时间；l_{0i} 为车站 0 与行程起始点 i 之间的距离；l_i 为行程 i 的长度；l_{ij} 为行程 i 和行程 j 之间的空驶距离；R_k 为车辆 k 每变化一次的续驶里程；S_i^b 为行程 i 后蓄电池 b 的剩余能量；m 为车库最大可用车辆数。

式(2.3-1)～式(2.3-10)中的公式不包括计算备用蓄电池数量的过程。通过这些约束，每个替换蓄电池的剩余能量和它们的替换时间被描述。增加一个相应的计数器来识别备用蓄电池容量，用于目标函数式(2.3-1)的计算。

2.3.2.2　多公交场站车辆调度

当一个公交场站不够容纳运营所需车辆时，公交车需从不同场站出发，承担所需要完成的车次任务，形成行车计划。公交车从不同车场出发的车辆调度问题为多公交场站车辆调度问题(Multiple Depot Vehicle Scheduling Problem，MDVSP)，从不同角度、方向开展，如：考虑车辆单日运营时长约束、考虑多车型、考虑多目标、将车辆调度问题与时刻表问题集成求解和考虑方案发车准时性能等。公交车辆调度问题作为一个整数规划问题，已在20世纪90年代就被证明为是NP难问题，其求解方法主要分为两大类：整数规划方法和智能优化方法。

1)多商品流模型

Bodin等最早提出多车场车辆调度问题的多商品流[13](Multi-commodity Flow Problem，MCF)模型。设T为时刻表出行集合，K为公交站点集合。有向图$G^k=(V^k,A^k)$表示车辆段$k\in K$的车辆调度网络，其中V^k表示顶点集合，A^k表示弧集合。每个顶点$v\in V^k$代表一次出行，弧$(i,j)\in A^k$表示出行j在执行出行i后可以立即被车辆覆盖。如果出行i的到达公交站点与出行j的出发公交站点不相同，则在弧段(i,j)上空驶。此外，首站$o^k\in V^k$和末站$s^k\in V^k$被创建并表示车库/站$k\in K$。从o^k的弧表示从车库的第一个空车驶出，到s^k的弧表示车辆到车库的最后一个空车驶入。

从o^k到s^k的路径代表一个区块，c_{ij}^k表示弧$(i,j)\in A^k$的成本，二元决策变量y_{ij}^k表示从车站$k\in K$的车辆是否在出行i之后立即覆盖出行j。令v_k为车辆段$k\in K$的最大可用车辆数。

MDVSP的目标是最小化车辆调度成本：

$$\text{Min}\sum_{k\in K}\sum_{(i,j)\in A^k}c_{ij}^k\cdot y_{ij}^k \tag{2.3-11}$$

保证每次出行恰好被覆盖一次：

$$\sum_{k\in K}\sum_{j:(i,j)\in A^k}y_{ij}^k=1\qquad\forall i\in T \tag{2.3-12}$$

流量守恒和库容约束分别由式(2.3-13)和式(2.3-14)给出：

$$\sum_{j:(i,j)\in A^k}y_{ji}^k-\sum_{j:(i,j)\in A^k}y_{ij}^k=0\qquad\forall i\in V^k\backslash\{o^k,s^k\},k\in K \tag{2.3-13}$$

$$\sum_{j:(o^k,j)\in A^k}y_{o^kj}^k\leqslant v_k\qquad\forall k\in K \tag{2.3-14}$$

$$y_{ij}^k\in\{0,1\}\qquad\forall(i,j)\in A,k\in K \tag{2.3-15}$$

可通过拉格朗日启发式算法将行程覆盖约束(2.3-12)松弛或放松流量守恒约束(2.3-13)求解MCF模型。

2)多车型调度

多车场多类型公交车调度[14]问题中，给定每日发车时刻表以及每个车次任务的起始时间、起始地点以及不同车场的位置和容量限制，为不同车场的纯电动公交车分配一系列的车次任务，一般来说电动公交车在不充电的情况下很难满足一天的行车需求，电动公交车可以在完成某项车次任务后，开往充电站进行充电(完成某项车任务后电动公交车的剩余电量能够满足电动公交车开往充电站)，并允许电动公交车充电不完全充满，结束充电后开往下一个车次任务出发地等待发车。还需满足多车场多车型的公交车车辆调度的行车计划的制定限制，最终得到总成本(公交车日使用成本和能耗成本)最小的行车计划和所需电动公交车数量。

以最小化公交车运营过程中的用车和能耗总成本为目标：

$$\min\left[\sum_{d\in D}\sum_{i\in T_{0,N+1}^{*}}\sum_{j\in T_{0,N+1}^{*}} x_{ijq}^{d}\cdot c_{ij}^{d}+\sum_{d\in D}\sum_{f\in F}\sum_{j\in T_{N+1}} x_{fj}^{d}\cdot(y_j-y_f+e_{fj}^{d})\cdot c_q\right] \tag{2.3-16}$$

对任意车次任务 i 被 d 车场的某辆车完成，且只被完成一次：

$$\sum_{d\in D}\sum_{j\in T_{N+1}^{*}} x_{ij}^{d}=1 \qquad \forall i\in T \tag{2.3-17}$$

电动公交车在完成某个车次任务后可以选择是否去充电站进行充电：

$$\sum_{d\in D}\sum_{j\in T_{N+1}^{*}} x_{ij}^{d}\leqslant 1 \qquad \forall i\in F \tag{2.3-18}$$

电动公交车不能连续两次驶进充电站充电：

$$x_{ij}^{d}=0 \qquad \forall i\in F,\forall j\in F,\forall d\in D \tag{2.3-19}$$

限制每个车场发出的电动公交车数量不能超过车场的容量上限：

$$\sum_{j\in T_{N+1}^{*}} x_{0j}^{d}\leqslant v_d \qquad \forall d\in D \tag{2.3-20}$$

流平衡约束，对于每个车次任务，必由某辆电动公交车从车场、充电站或者完成上一项车次任务后承担；完成该项车次任务后，发往下项车次任务也可开往充电站或返回车场：

$$\sum_{j\in T_0^{*}} x_{ij}^{d}=\sum_{j\in T_{N+1}^{*}} x_{ji}^{d} \qquad \forall d\in D \tag{2.3-21}$$

要求电动公交车承担的紧邻(紧邻指的是电动公交车在完成一项车次任务后，直接从发往下一项车次任务的出发地承担车次任务)的两项车次需要满足时间限制。完成前一项车次任务的时间加上空驶至后一项车次任务的时间和最小间隔时间要小于后一项车次任务的发车时间：

$$\mathrm{dep}_j-\mathrm{dep}_i+M(1-x_{ij}^{d})-t_{ij}^{d}\geqslant t_0 \qquad \forall d\in D,\forall i,j\in T \tag{2.3-22}$$

涉及电动公交车承担先后两项车次任务的中间去充电站进行充电的情况的时间限制如约束式(2.3-23)所示：

$$\mathrm{dep}_j-\mathrm{dep}_i+M(2-x_{if}^{d}-x_{fj}^{d})-g(y_j-y_f+e_{fj}^{d})-t_{if}^{d}-t_{fj}^{d}\geqslant t_0$$
$$\forall d\in D,\forall i,j\in T,\forall f\in F \tag{2.3-23}$$

一辆电动公交车完成某项车次任务的电量减去开往下个地点途中消耗的电量多于或等于到达该地点时的电量：

$$0\leqslant y_j\leqslant y_i+Q(1-x_{ij}^{d})-e_{ij}^{d}\cdot x_{ij}^{d} \qquad \forall d\in D,\forall i\in T,\forall j\in T_{N+1}^{*} \tag{2.3-24}$$

从车场或者充电站发出的电动公交车到达下个地点时的电量少于或等于电动公交车可容纳最大电量减去途中消耗电量：

$$0\leqslant y_j\leqslant Q-e_{ij}^{d}\cdot x_{ij}^{d} \qquad \forall d\in D,\forall i\in F_0,\forall j\in T_{N+1}^{*} \tag{2.3-25}$$

0-1 变量：

$$x_{ij}^{d}\in\{0,1\} \qquad \forall i,j\in Y_{0,N+1}^{*},\forall d\in D \tag{2.3-26}$$

电动公交车当前含电量(连续变量)：

$$y_j \in \{0,Q\} \qquad \forall i \in Y^*_{0,N+1} \tag{2.3-27}$$

在混合整数线性规划问题中常遇见的需要线性化处理情况主要有：两个变量均为0-1变量；一个变量是0-1变量一个是连续变量。

由于目标函数出现两个变量的乘积，并不是线性的，将模型采用第二种情况的线性处理：

$$z^d_{ijj} \leqslant M \cdot x^d_{ij} \qquad \forall i \in F, \forall j \in T, \forall d \in D \tag{2.3-28}$$

$$z^d_{ijj} \leqslant y_j + e^d_{ij} \qquad \forall i \in F, \forall j \in T, \forall d \in D \tag{2.3-29}$$

$$z^d_{ijj} \geqslant y_j + e^d_{ij}M(1-x^d_{ij}) \qquad \forall i \in F, \forall j \in T, \forall d \in D \tag{2.3-30}$$

$$z^d_{iji} \leqslant M \cdot x^d_{ij} \qquad \forall i \in F, \forall j \in T, \forall d \in D \tag{2.3-31}$$

$$z^d_{iji} \leqslant y_j \qquad \forall i \in F, \forall j \in T, \forall d \in D \tag{2.3-32}$$

$$z^d_{iji} \geqslant y_j - M(1-x^d_{ij}) \qquad \forall i \in F, \forall j \in T, \forall d \in D \tag{2.3-33}$$

$$z^d_{iji} \leqslant z^d_{ijj} \tag{2.3-34}$$

引入辅助变量后，目标函数变为：

$$\min\left[\sum_{d\in D}\sum_{i\in T^*_{0,N+1}}\sum_{j\in T^*_{0,N+1}} x^d_{ij}\cdot c^d_{ij} + \sum_{d\in D}\sum_{f\in F}\sum_{j\in T_{N+1}}(z^d_{ijj} - z^d_{iji})\cdot c_q\right] \tag{2.3-35}$$

多车场多类型公交车车辆调度中公式相关参数的定义汇总于表2.3-1。

参数表　　表2.3-1

符号	含义
T	车次任务的集合，$T=\{1,2,3,\cdots,n\}$
F	为充电站节点的集合
F_0	充电站节点和发车起始点的集合，0代表公交车的出发位置，$F_0=F\cup\{0\}$
T^*	充电站节点和车次任务的集合，$T^*=T\cup F$
T^*_0	充电站节点和车次任务以及发车起始点的集合，0代表公交车的出发位置，$T^*_0=T^*\cup\{0\}$
T^*_{N+1}	充电站节点和车次任务以及发车起始点的集合，$N+1$代表公交车的结束位置，$T^*_{N+1}=T^*\cup\{N+1\}$
T_{N+1}	车次任务以及发车终点的集合，$N+1$代表公交车的结束位置，$T_{N+1}=T\cup\{N+1\}$
$T_{0,N+1}$	车次任务以及发车起始点和终点的集合，0代表公交车的出发位置，$N+1$代表公交车的结束位置，$T_{0,N+1}=T\cup\{0\}\cup\{N+1\}$
D	公交车车场集合，$T=\{1,2,3,\cdots,m\}$，$\forall d\in D$
$T^*_{0,N+1}$	充电站节点和车次任务以及发车起始点和终点的集合，0代表公交车的出发位置，$N+1$代表公交车的结束位置，$T^*_{0,N+1}=T^*\cup\{0\}\cup\{N+1\}$
c^d_{ij}	d车场的公交车完成车次任务i行驶，以及车次任务i终点到车次任务j起点空驶的总成本，当$i=0$时，代表d车场的一辆电动公交车的固定成本以及从公交场站到任务i起点的成本的总和
dep_i	时刻表中i车次任务的出发时间
t^d_{ij}	车次任务i的结束地点到车次任务j的出发地点所需要的时间和车次任务i所需时间之和

续上表

符号	含义
e_{ij}^d	车次任务 i 的结束地点到车次任务 j 的出发地点所需要的电量和车次任务 i 所需电量之和
v_d	每个车场的公交车数量上限，$\forall d \in D$
c_q	单位电量的电价
g	充电速率
Q	公交车总电量
t_0	两项车次任务之间的最小间隔时间
x_{ij}^d	0-1 变量，$x_{ij}^d=1$ 代表 d 场站的电动公交车完成了车次任务 i 后紧接着完成车次任务 j，否则 $x_{ij}^d=0$
y_j	连续变量，到达 i 任务起点（或者充电站）时，公交车所含电量
z_{ijk}^d	用于线性化的辅助变量

3）集合划分模型

Ribeiro 等将 MDVSP 建模为带边约束的集合划分问题。A 被定义为车辆的调度网络集，B 表示所有可行调度网络的集合。$b \in B$ 的成本记为 c_b，定义二元矩阵 $\boldsymbol{A}^1$，若 $b \in B$ 包含 $t \in T$ 行程，则 a_{tb}^1 等于 1，否则为 0。定义二元矩阵 $\boldsymbol{A}^2$，如果 $b \in B$ 属于场站 $k \in K$，则 a_{kb}^2 等于 1，否则为 0。v_k 为场站 $k \in K$ 的最大可用车辆数。二元变量 y_b 表示是否选择 $b \in B$ 作为进度计划的一部分。

以最小化总成本为目标函数：

$$\text{Min} \sum_{b \in B} c_b \cdot y_b \tag{2.3-36}$$

每个行程恰好有一辆车覆盖的集合划分约束：

$$\sum_{b \in B} a_{tb}^1 \cdot y_b = 1 \qquad \forall t \in T \tag{2.3-37}$$

保证每个车场的可用车辆数受到限制：

$$\sum_{b \in B} a_{kb}^2 \cdot y_b \leqslant v_k \qquad \forall k \in K \tag{2.3-38}$$

$$y_b \in \{0,1\} \qquad \forall b \in B \tag{2.3-39}$$

式（2.3-36）~式（2.3-39）不能显式处理所有可行调度网络。列生成常用于处理含有大量变量的问题。放松完整性约束式（2.3-39），将问题分解为一个主问题和一个或多个子问题。

主问题由变量（或列）的子集初始化，称为受限主问题。子问题负责生成不包含在受限主问题中，但有可能降低受限主问题目标值的列。为每个车库定义了一个子问题，该子问题被表示为一个最短路径问题，并通过动态规划求解，实现了一种使用深度优先搜索作为分支策略的分支定价方法。

4）启发式方法

并发调度器是最早成功应用于实际的启发式算法之一。并发调度器被设计为一个“贪婪”的启发式，它考虑以递增的出发时间顺序进行的行程，并根据最小死机时间为现有车辆分配行程。如果一次出行对现有车辆的可行分配不存在，则创建新车辆，并将该出行分配给新车辆。多项式时间启发式算法，保证了最小车辆数的使用。首先求解一系列最短路径问题以构建一个质量良好的解，然后应用不同的求精过程来改进解。用于求解 MDVSP 的求解方法可分为 4 类：

(1)混合整数规划(Mixed Integer Programming, MIP)方法涉及应用 B&B 方法或商业 MIP 求解器来获得最优解，如 CPLEX。

(2)列生成(Column Generation, CG)方法。

(3)元启发式(Metaheuristics, MH)。

(4)启发式(Heuristics, H)，如拉格朗日启发式或专门针对 MDVSP 的启发式过程。

2.4　本章小结

新能源汽车是汽车技术发展的趋势，其节能减排的效果备受关注。能耗计算方法是评价新能源汽车节能性能的关键，需要综合考虑包括蓄电池、驱动电机和驱动系统等多个因素。生态驾驶模型可以更好地发挥新能源汽车的节能优势，包括加速缓慢、平缓制动、智能巡航等。新能源公交车调度问题是关乎城市公共交通整体效率的重要问题，需要考虑换电站的位置、公交车路线以及车辆调度等因素。通过加强能耗监测、推广生态驾驶模式、优化车辆调度方案、蓄电池技术突破、智能网联技术创新(复杂环境融合感知、智能网联决策与控制、信息物理系统架构设计等关键技术)、加强新能源汽车与电网(Vehicle to Grid, V2G)能量互动、促进新能源汽车与可再生能源高效协同等措施，有效促进节能减排水平和社会运行效率的提升，进一步提高新能源汽车的节能减排效果。

本章参考文献

[1] 杨扬，姚恩建，王梅英，等. 电动汽车混入条件下的随机用户均衡分配模型[J]. 中国公路学报，2015，28(9)：91-97.

[2] LIU J, SHI P, FAN J. Electric Vehicle Energy Consumption Model Based on Working Condition Recognition and K-means Cluster Analysis[C]//2022 International Conference on Manufacturing, Industrial Automation and Electronics (ICMIAE).

[3] XIAO Y, ZHANG Y, KAKU I. Electric vehicle routing problem: A systematic review and a new comprehensive model with nonlinear energy recharging and consumption[J]. Renewable and Sustainable Energy Reviews, 2021, 151: 111567.

[4] 赵敬玉. 基于实际行驶数据的电动汽车能耗预测与分析[D]. 天津：河北工业大学，2022.

[5] ZHU, LIN, LIU. Research on the Energy-Saving Strategy of Path Planning for Electric Vehicles Considering Traffic Information[J]. Energies, 2019, 12(19): 3601.

[6] 付锐，张雅丽，袁伟. 生态驾驶研究现状及展望[J]. 中国公路学报，2019，32(3)：

1-12.
[7] 陈志军,张晶明,熊盛光,等.智能网联车辆生态驾驶研究现状及展望[J].交通信息与安全,2022,40(04):13-25.
[8] BARTH M, MANDAVA S, BORIBOONSOMSIN K. Dynamic ECO-driving for arterial corridors[C]//2011 IEEE Forum on Integrated and Sustainable Transportation Systems, FISTS 2011. IEEE Computer Society, 2011: 182-188.
[9] ZHANG R, YAO E. Eco-driving at signalised intersections for electric vehicles[J]. IET Intelligent Transport Systems, 2015, 9(5): 488-497.
[10] LIU B, SUN C, WANG B. Bi-level convex optimization of eco-driving for connected Fuel Cell Hybrid Electric Vehicles through signalized intersections [J]. Energy, 2022, 252: 123956.
[11] 陈晨.考虑不确定交通情况的电动公交车辆调度问题研究[D].武汉:华中科技大学, 2021.
[12] CHAO Z, XIAOHONG C. Optimizing Battery Electric Bus Transit Vehicle Scheduling with Battery Exchanging: Model and Case Study[J]. Procedia - Social and Behavioral Sciences, 2013, 96: 2725-2736.
[13] PERUMAL S S G, LUSBY R M, LARSEN J. Electric bus planning & scheduling: A review of related problems and methodologies[J]. European Journal of Operational Research, 2022, 301(2): 395-413.
[14] 李一凡.多车场多车型纯电动公交车车辆调度问题研究[D].天津:天津大学, 2019.

第3章 电动汽车用户里程焦虑及其驾驶行为

电动汽车对于可再生能源发展有着积极的促进作用，同时持续有力的多维政策激励机制促进着电动汽车行业迅猛发展，近年来电动汽车的普及已成为大势所趋，电动汽车也逐渐成为城市交通的主要参与者。然而，电动汽车续驶里程较短、蓄电池状况不佳、外部环境和行驶工况等因素都会导致实际剩余电量与期望剩余电量不符，在日常驾驶电动汽车时出行者会出现里程焦虑。分析用户里程焦虑对交通拥堵和交通安全状态的影响，可以给电动汽车参与下的交通法规和政策的制定提供参考依据。里程焦虑会对驾驶人的情绪和行为造成潜在的负面影响，也会减少人们购买电动汽车的意愿。本章研究对象是电动汽车用户，通过对电动汽车驾驶人的里程焦虑进行问卷偏好调查，得出目前电动汽车在发展过程中所面临的问题和用户的直观需求，结果可以为电动汽车制造商提供一些建议，帮助制造商优化产品开发和营销策略，从而推动电动汽车产业的发展。

3.1 电动汽车用户里程焦虑问题

本节从电动汽车驾驶人里程焦虑的定义出发，阐述电动汽车驾驶人面临的电动汽车蓄电池效果的不稳定性。在不同环境温度下，如雨天、雪天环境下与阳光明媚的条件下蓄电池的续驶里程有明显的差异；不同驾驶人驾驶习惯下，如激进的驾驶习惯对于蓄电池消耗较大；以及车内电子元件的不同使用程度的影响下，车端的电子娱乐设施的使用对于蓄电池的考验也不能小觑。种种因为蓄电池容量使用户产生的感官上的不确定性称为里程焦虑。

3.1.1 用户里程焦虑

有关电动汽车交通配流的研究有很多，其中有不少研究内容直接或间接地涉及里程焦虑。用户里程焦虑是一种由于车辆续驶里程有限而使驾驶人在真实驾驶过程中产生的心理压力。电动汽车的出现伴随着用户里程焦虑现象，当驾驶人在驾驶电动汽车时，会担心车辆蓄电池电量耗尽导致车辆熄火被困途中，无法顺利完成剩下的旅途，从而产生焦虑的心理。

目前，用户里程焦虑已经成为影响消费者购买及日常使用电动汽车的主要因素之一。对于大部分已经购买和准备购买电动汽车的用户来说，能够准确感知车辆续驶里程是购买电动汽车时最值得关注的问题。在实际生活中，燃油汽车加满一箱油后的续驶里程为600～

700km,且由于燃油汽车加油的时间非常短,驾驶人基本不会因为里程而感到焦虑。普通电动汽车的续驶里程相较于燃油汽车来说明显减少,车辆充满电之后只能行驶 200 ~ 400km,例如蔚来 ES8 70kW · h 版本在速度为 120km/h 的等速情况下实际续驶里程仅为 226km,特斯拉 Model3 标准续驶版的测试续驶里程为 320km。当考虑车内空调使用、外部天气状况等因素时,电动汽车的续驶里程会明显减少。表 3.1-1 是 2020 年以来我国销量排名靠前的电动汽车蓄电池容量统计表。

国产电动汽车蓄电池容量 表 3.1-1

序号	车型	蓄电池容量(kW · h)
1	理想 ONE	40.5
2	蔚来 ES6	100
3	威马 EX5	69
4	小鹏 P7	80.9
5	小鹏 G3	66
6	蔚来 ES8	100
7	哪吒 N01	35
8	零跑 T03	41
9	哪吒 V	31.18
10	智骏 GC1	36.2

不同于配套设施完善的加油站,数量有限的电动汽车充电站同样加剧了用户的里程焦虑。当电动汽车用户在出行途中需要充电时,可能会因为充电站距离较远或排队时间较长,担心车辆无法及时充电,进而加剧了焦虑的心情。虽然相关调查研究表明,目前电动汽车续航里程完全能够满足城市内大部分日常出行活动。如果具有比较完善的充电设施网络,仍然可以满足城际之间等距离较长的出行需求。里程焦虑作为电动汽车用户固有的心理状态,可以通过增加电动汽车续驶里程等手段进行缓解,但它并不应被忽略,反而已经成为阻碍电动汽车市场发展的一项重要因素。

3.1.2 用户里程焦虑与剩余电量的关系

电动汽车用户里程焦虑对用户出行行为和路网性能存在影响已经被广泛认可,通过对用户里程焦虑的有限研究,可以总结出以下三点。

(1)里程焦虑在很大程度上受车辆剩余电量的影响;

(2)存在一个安全电量阈值,当车辆剩余电量高于该值时,电动汽车驾驶人不存在里程焦虑;

(3)里程焦虑随着车辆剩余电量趋近于零而增加,变化速率也随着剩余电量的减少而增加。

Fetene 等人为了分析里程焦虑程度与剩余电量之间的关系,计算了不同车型、不同驾驶环境下的能耗与行驶距离之比,该比值即为电动汽车平均每千米能耗[1]。彭新潮研究发现,剩余电量影响着电动汽车平均每公里能耗,剩余电量为 10% ~15% 时的平均每千米能耗大约是其他剩余电量状态时的 1.5 倍[2]。在剩余电量较低时,车辆平均每千米能耗会随着剩余电量的减少而减少;当剩余电量较高时,车辆平均每千米能耗会随着剩余电量的增加而增加。这个现象说明了当车辆蓄电池电量充足时,用户里程焦虑比较小,容易采取随意的驾驶行为,造成车辆平均每千米能耗偏高;而当车辆蓄电池电量较低时,用户里程焦虑比较严重,容易采取更加谨慎的驾驶行为,造成平均每千米能耗偏低。

3.2　里程焦虑下用户安全缓冲与驾驶行为分析

电动汽车驾驶人在面对不同的驾驶剩余里程的情况下具有不同的驾驶心理。长途驾驶时,电动汽车驾驶人比燃油汽车驾驶人更容易产生里程焦虑。当面临里程焦虑时,电动汽车驾驶人为了减少在旅途中被困的风险,会选择重新规划路线或尽快使用充电基础设施等行为,且不同情况下驾驶人面临里程焦虑时选择的驾驶行为是不同的。里程焦虑会对驾驶人的情绪和行为产生潜在的负面影响,增加发生交通事故的风险。假设车辆剩余电量对应的剩余里程和行程距离之间存在最小间隙,可以保护驾驶人免受里程焦虑的影响,这个最小间隙称为安全缓冲区。本章对驾驶人在不同行程距离下所能接受的安全缓冲值,以及驾驶人在不同情境中里程焦虑下的驾驶行为进行了 SP 意向调查,以了解驾驶人在不同情境下面临里程焦虑时的行为偏好。SP 调查结果为缓解个性化用户里程焦虑问题提供了参考。

3.2.1　用户安全缓冲及其影响因素

3.2.1.1　问卷收集

本章对受访者的调查内容分为两个方面,一方面是驾驶人的基本属性,即性别、年龄、驾龄、职业、燃油汽车驾驶经验等;另一方面是定义的指标,即驾驶人对车辆的满意程度和驾驶风格。驾驶人对车辆的满意程度包括对车辆行驶里程的满意程度、对充电设施可达性的满意程度、对车辆显示行驶里程信息的信任程度等。驾驶风格包括驾驶人的决策力和驾驶人的情绪抵抗力等。

接受 SP 调查的受访者都是电动汽车驾驶人,部分受访者是从汽车之家论坛(世界上访问最多的汽车网站)中选出的。得到的问卷需要检测某些特定的测量值,以过滤无效问卷。有效调查是指被调查者必须为电动汽车驾驶人,且电动汽车充满电后续驶里程需在 50 ~500km 范围内。经过筛选,208 份问卷为有效问卷,可供进一步研究。

3.2.1.2　统计方法

1)信度分析

信度是指重复测量结果之间的一致性程度,即依靠测量提供稳定的、非模棱两可的信息的程度。问卷的信度分析是为了检验问卷测量的可靠性,即测量所得结果的内部一致性程度。本节利用克朗巴哈(cronbach α)系数法检验问卷的可靠性。通常克朗巴哈系数的值在 0 和 1 之间,如果系数小于 0.6,一般认为内部一致性不足,即可信度不高。反之,系数在 0.6

以上则被认为可信度较高。值得注意的是,cronbach α 系数值具有随量表项目增加而增大的特点。因此,当量表中包含多余的测量项目时,cronbach α 系数会被不适当地提高。cronbach α 系数的计算公式如下:

$$\text{cronbach } \alpha = \frac{K}{K-1}\left(1 - \frac{\sum_{i=1}^{K}\sigma_{Y_i}^2}{\sigma_X^2}\right) \tag{3.2-1}$$

式中:K——李克特量表的题项数;

σ_X^2——总样本的方差;

$\sigma_{Y_i}^2$——目前观测样本的方差。

2)卡方检验法

卡方检验可以用于检验两个或两个以上因素之间是否具有关联性。卡方检验的基本思想是:首先建立原假设 H_0 为观察值与期望值没有差别,并假设 H_0 成立,随后在此基础上计算观察值与期望值之间的偏离程度 χ^2,计算公式如式(3.2-2)所示。最后根据 X^2 分布、X^2 统计量和自由度,可以在原假设 H_0 成立的情况下获得当前统计量及更极端情况的概率 P 值。如果 P 值很小,说明观察值和期望值偏离程度太大,原假设 H_0 不成立,此时比较的两个变量之间具有显著性差异;否则,原假设 H_0 成立。

$$\chi^2 = \sum \frac{(A-E)^2}{E} \tag{3.2-2}$$

式中:A——观察频数;

E——期望频数。

研究与里程焦虑相关的因素需要采用卡方检验。本节通过检查每组数据卡方检验的 P 值,标记出与安全缓冲值和驾驶行为相关性较强的几个因素,检验影响因素与安全缓冲值和驾驶行为之间的相关性。通常情况下,$P<0.05$ 的因素可以认为是显著相关,$P<0.01$ 的因素可以认为是非常显著相关。

3)李克特量表

李克特量表(Likert Scale)属评分加总式量表最常用的一种,是用加总方式来计分,单独或个别项目是无意义的。该量表由一组陈述组成,每一陈述有"非常同意""同意""既不同意也不反对""反对"和"非常反对"五种回答,分别记为5、4、3、2、1。本章构建了电动汽车用户对车辆满意度、驾驶人决策力和情绪抵抗力以及里程焦虑下驾驶行为偏好的李克特量表,通过计算每个受访者对每道题的回答所得分数之和,了解受访者的态度强弱或受访者在这一量表上的不同状态。

3.2.2 驾驶行为数据分析

3.2.2.1 描述性统计

表3.2-1显示了研究样本的特征,其中208位受访者中,男性156位,占总人数的75%;女性52位,占比25%。受访者的平均年龄为32.99岁,标准差为7.686岁,年龄范围为19~67岁。受访者驾驶经验的平均值为6.55年,标准差为5.121年,驾驶经验范围为0~22年。事业/企业单位职员、公司职员是所有受访者中出现次数最多的职业,出现次数为78次,占

总人数的37.5%。169名受访者曾经有过燃油汽车的驾驶经验，由于燃油汽车百千米油耗应该在0～100L/km范围内，超出该范围视为无效用数据，因此，剔除掉无效数据后，燃油汽车的平均百公里油耗为9.09L/km，标准差为3.392L/km。吉利帝豪电动汽车在样本中出现65次，是所有电动汽车车型中出现次数最多的。受访者拥有的电动汽车平均最大续驶里程为219.727km，标准差为87.314km，范围为50～500km。家用电动汽车充电桩是受访者最常用的充电设施，受访者平均充电次数为3.36次/周，标准差为3.053次/周。

样本特征（样本数 $N=208$）　　表3.2-1

变量		平均值	标准差	范围	样本数量	占比(%)
性别	男性	—	—	—	156	75.0
	女性	—	—	—	52	25.0
年龄(岁)		32.99	7.686	19-67	—	—
驾驶经验(年)		6.55	5.121	0-22	—	—
职业类型	待业	—	—	—	5	2.4
	公务员	—	—	—	21	10.1
	教学或科研人员	—	—	—	21	10.1
	经商者、私营和个体劳动者	—	—	—	17	8.17
	退休	—	—	—	5	2.4
	生产人员、技术工人和服务人员	—	—	—	42	20.19
	事业/企业单位职员、公司职员	—	—	—	78	37.5
	学生	—	—	—	5	2.4
	其他	—	—	—	14	6.73
燃油汽车驾驶经验	有经验	—	—	—	169	81.25
	燃油消耗(L/100km)	9.09	3.392	2-30	—	—
	加油频率(次/月)	3.27	2.517	1-20	—	—
	无经验	—	—	—	39	18.75
目前驾驶的电动汽车车型	北汽新能源EV160	—	—	—	31	14.9
	北汽新能源EV200	—	—	—	24	11.54
	比亚迪E6	—	—	—	28	13.46
	吉利 帝豪EV	—	—	—	65	31.25
	江淮iEV5	—	—	—	8	3.85
	特斯拉 Model S	—	—	—	11	5.29

续上表

变量		平均值	标准差	范围	样本数量	占比(%)
目前驾驶的电动汽车车型	特斯拉 Model X	—	—	—	4	1.92
	启辰 晨风	—	—	—	5	2.4
	腾势 DENZA	—	—	—	5	2.4
	其他	—	—	—	27	12.98
目前驾驶电动汽车的最大行驶范围		219.727	87.314	50-500	—	—
最常用的充电方法	公共充电桩(交流慢充)	—	—	—	9	4.33
	公共充电桩(直流快充)	—	—	—	37	17.79
	家用充电桩	—	—	—	116	55.7
	移动充电器(从220V 照明电路取电)	—	—	—	39	18.75
	其他	—	—	—	7	3.37
	充电频率(次/周)	3.36	3.053	0.5-25	—	—
电动汽车的使用	公务	—	—	—	8	3.85
	私家用	—	—	—	180	86.54
	租赁	—	—	—	11	5.29
	营运	—	—	—	6	2.88
	其他	—	—	—	3	1.44

驾驶人对电动汽车满意度的李克特量表结果见表3.2-2。驾驶人对电动汽车续驶里程的满意度平均分为3.41,标准差为1.185,其中112名受访者(占全部受访者的53.9%)的满意度高于平均水平。驾驶人对电动汽车充电方便程度的满意度平均分为3.54,标准差为1.1,有121名受访者(占全部受访者的58.2%)的满意度高于平均水平。驾驶人对电动汽车显示剩余里程信息的信任度平均分为3.64,标准差为1.135,有133名受访者(占全部受访者的64.0%)的信任度高于平均水平。三个量表的平均值为3.53分,标准差为1.014,满意度高于平均水平的受访者数量占多数。基于统计的数据,可发现受访者对自己所拥有的电动汽车普遍感到满意,且该组李克特量表的克朗巴哈系数值为0.868,说明该问卷的可信度非常高。

驾驶人驾驶风格的李克特量表结果见表3.2-2。驾驶人决策能力的平均分为3.87,标准差为0.913,有153名受访者(占全部受访者的74.1%)的决策能力高于平均水平;驾驶人的情绪抵抗能力平均分为3.55,标准差为0.989,有123名受访者(占全部受访者的59.1%)的情绪抵抗能力高于平均水平。这两个影响驾驶人驾驶风格的因素都与道路安全性能呈正相关,即驾驶人在电量剩余较少情况下,对路况信息的决策判断越及时,对将要发生的结果预料得越准确,则对里程焦虑有更好的避免作用。情绪抵抗能力方面,就统计结果分析,越克制自己的焦虑情绪，对路况进行谨慎分析，则能更加从容地避免意外发生。这组李克特量表的克朗巴哈系数值为0.706，说明该组问卷可信度比较高。

电动汽车驾驶人满意度及驾驶风格统计　　表3.2-2

说明	非常反对	反对	既不同意也不反对	同意	非常同意	平均值	标准差
满意度水平							
我对电动汽车的续驶里程很满意	18（8.65%）	29（13.94%）	49（23.56%）	74（35.58%）	18（18.27%）	3.41	1.185
我对我的电动汽车充电的方便程度感到满意	10（4.81%）	29（13.94%）	48（23.08%）	80（38.46%）	41（19.71%）	3.54	1.100
我非常信任车辆显示的剩余里程信息	12（5.77%）	25（12.02%）	38（18.27%）	84（40.38%）	49（23.56%）	3.64	1.135
总体满意水平	—	—	—	—	—	3.53	1.14
驾驶风格							
我开车时决策果断	6（2.88%）	9（4.33%）	39（18.75%）	106（50.96%）	48（23.08%）	3.87	0.913
我开车时基本不受情绪影响	8（3.85%）	22（10.58%）	55（26.44%）	93（44.71%）	30（14.42%）	3.55	0.989
总体满意水平	—	—	—	—	—	3.71	0.951

本章设定了三个特定长度的行程方案，其中10km出行代表短途行程，30km出行代表中途行程，60km出行代表长途行程，以研究不同行程距离下的影响用户安全缓冲的因素。表3.2-3显示了驾驶人在不同行程距离下所需要的安全缓冲值的李克特量。可以看出，当实际行程剩余10km时，安全缓冲值的平均分为3.57；当实际行程剩余30km时，安全缓冲值的平均分为2.99；当实际行程剩余60km时，安全缓冲值的平均分为3.16。

不同行程距离下用户安全缓冲值　　表3.2-3

	10km	12.5km	15km	17.5km	20km	平均分	标准差
假设此时实际行程剩余10km，当车辆仪表显示的剩余电量对应的里程低于多少时，你是否会感到焦虑	24（11.54%）	24（11.54%）	53（25.48%）	23（11.06%）	84（40.38%）	3.57	1.406
	30km	37.5km	45km	52.5km	60km	平均分	标准差
假设此时实际行程剩余30km，当车辆仪表显示的剩余电量对应的里程低于多少时，你是否会感到焦虑	30（14.42%）	43（20.67%）	69（33.17%）	31（14.9%）	35（16.83%）	2.99	1.267

续上表

	60km	67.5km	75km	82.5km	90km	平均分	标准差
假设此时实际行程剩余60km,当车辆仪表显示的剩余电量对应的里程低于多少时,你是否会感到焦虑	32 (15.38%)	28 (13.46%)	68 (32.69%)	35 (16.83%)	45 (21.63%)	3.16	1.326
综合安全缓冲	—	—	—	—	—	3.24	1.151

图3.2-1显示了不同行程距离与其对应的用户安全缓冲值。由图可知,行程距离为10km和30km时,用户安全缓冲值相差较大;行程距离为30km和60km时,用户安全缓冲值相差较小。可知,用户安全缓冲值随着行程距离的增加而趋于稳定。此外,当行程距离较短时,安全缓冲值占行程距离的比例较高;当行程距离较长时,安全缓冲值占行程距离的比例较低。

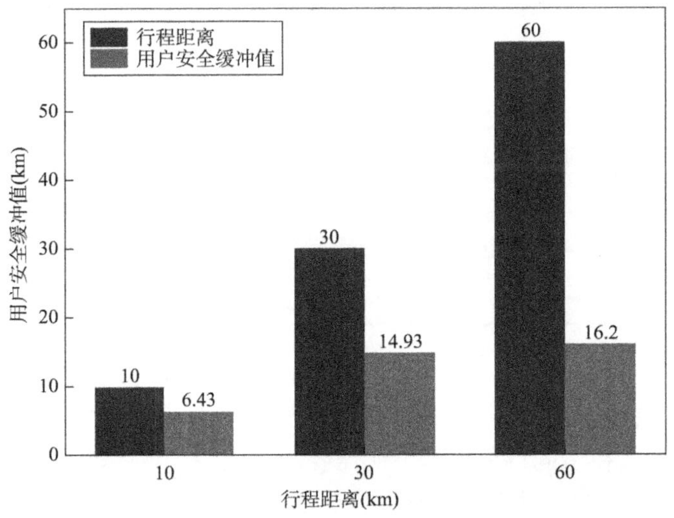

图3.2-1　行程距离和用户安全缓冲值

驾驶人里程焦虑下的驾驶行为统计结果见表3.2-4。在所列出的7种行为中,选择减少加速并以更慢速度行驶的共有97人,占全部受访者的46.63%;选择改变一些驾驶习惯的有70人,占全部受访者的33.65%;选择寻找附近充电桩的有52人,占全部受访者的25%。选择这3种行为的人数占受访者的一半以上。其余的统计结果为因焦虑而分心的有26人,占总人数的12.5%;重新规划路线的有40人,占总人数的19.23%,因交通拥挤感到更加烦躁的有47人,占22.6%;为了尽早到达充电设施而抢行的26人,占比12.5%。

驾驶人里程焦虑下驾驶行为统计　　表3.2-4

行为	因焦虑而分心	重新规划路线	寻找最近的充电桩	改变一些驾驶习惯	减少加速并以更慢的速度行驶	因交通拥堵感到更加烦躁	为了尽早到达充电设施而抢行
采取该行为的受访者人数	26 (12.5%)	40 (19.23%)	52 (25.0%)	70 (33.65%)	97 (46.63%)	47 (22.6%)	26 (12.5%)

3.2.2.2　相关性分析

相关性分析采用了卡方检验的方法，此方法可以找出不同情境下影响电动汽车驾驶人安全缓冲值的相关因素。探究一般情况（即不区分行程距离的情况）下可能影响电动汽车驾驶人安全缓冲的因素，选取驾驶人特征、满意度水平、驾驶风格等显著特征进行卡方检验。在卡方检验过程中，挖掘了各个影响因素发挥作用的时间差异，尤其是在不同行程距离情况下各影响因素的卡方检验 P 值，卡方检验的结果见表 3.2-5 ~ 表 3.2-7。其中，* * 用来标记 $P<0.05$ 的因素，* * * 用来标记 $P<0.01$ 的因素。

在不考虑行程距离的情况下对驾驶人特征进行卡方检验，检验结果见表 3.2-5。结果显示，驾驶经验的 P 值为 0.049，因此，与用户安全缓冲有显著关系。检验两者之间的相关性，发现驾驶经验的时长与用户安全缓冲值呈正相关，这可能是由于不同驾驶经验的驾驶人其驾驶心态存在差异，更有驾驶经验的驾驶人会更加谨慎地为行程留下足够的安全缓冲区间，以免车辆因电量耗尽而在半路熄火。

与用户安全缓冲相关因素的卡方检验结果（不考虑行程距离）　　表 3.2-5

因素	低于平均缓冲值	高于平均缓冲值	P 值
驾驶经验 * *	—	—	0.049
≤6.55 年	72	57	—
>6.55 年	33	46	—
对充电设施可达性的满意度 * *	—	—	0.018
低于平均值	45	60	—
高于平均值	61	42	—
对情绪的抵抗力 * *	—	—	0.045
低于平均值	50	35	—
高于平均值	55	68	—

结果显示，驾驶人对充电设施可达性满意度的 P 值为 0.018，因此，驾驶人对充电设施可达性的满意度与用户安全缓冲有显著关系，且呈负相关，驾驶人对充电设施可达性的满意度越高，用户安全缓冲值越小。这是由于驾驶人对充电设施可达性感到满意时，就能减少其关于旅途中电量会耗尽的担忧，此时，驾驶人只需要较小的安全缓冲区间用以缓减里程焦虑。驾驶人对情绪抵抗力的 P 值为 0.045，因此，驾驶人对情绪的抵抗力与用户安全缓冲呈显著相关，且检验其相关性可知两者之间呈正相关，即驾驶人对情绪的抵抗力越强，用户安全缓冲值越高。这是由于驾驶人的驾驶习惯和驾驶特点决定了他在驾驶过程中是否容易受情绪影响，情绪抵抗力强的驾驶人更为保险，从而导致驾驶人选择更大的安全缓冲区间以缓减里程焦虑。

为探讨不同行程距离下影响用户安全缓冲的因素，收集不同行程距离情况下的用户安全缓冲数据，并分别对数据进行了卡方检验，检验结果见表 3.2-6。

与用户安全缓冲相关因素的卡方检验结果(考虑行程距离)　　表 3.2-6

因素	低于平均缓冲值	高于平均缓冲值	P 值
行程距离为 10km			
驾驶经验＊＊			0.035
≤6.55 年	70	59	—
>6.55 年	31	48	—
对电动汽车最大续驶里程的满意度＊＊			0.020
低于平均值	55	41	—
高于平均值	46	66	—
驾驶决策力＊＊			0.014
低于平均值	34	20	—
高于平均值	67	87	—
行程距离为 60km			
电动汽车最大续驶里程＊＊			0.012
≤219.727km	74	32	—
>219.727km	54	48	—
对情绪的抵抗力＊＊			0.001
低于平均值	64	21	—
高于平均值	64	59	—

当行程距离为 10km 时,对驾驶人特征进行卡方检验,驾驶经验的 P 值为 0.035,驾驶经验与用户安全缓冲呈显著相关并呈正相关,该结果与不考虑行程距离时的卡方检验结果一致的。而驾驶人满意度和驾驶风格的卡方检验结果与不考虑行程距离时的卡方检验结果不一致,电动汽车最大续驶里程的满意度的 P 值为 0.02,驾驶决策力的 P 值为 0.014。即行程距离为 10km 时,与用户安全缓冲有显著关系的因素变成了对电动汽车最大续驶里程的满意度和驾驶人决策力。当行程距离为 30km 时,还未发现任何因素与用户安全缓冲有显著关系。当行程距离为 60km 时,驾驶人满意度卡方检验结果与不考虑行程距离时的卡方结果不一致,此时电动汽车最大续驶里程的 P 值为 0.012,与安全缓冲呈显著相关,且最大续驶里程越大,驾驶人需要的安全缓冲区间越大,这说明在驾驶人满意度量表中,影响用户安全缓冲的因素变为了对电动汽车最大续驶里程的满意度。情绪抵抗力的 P 值为 0.001,与安全缓冲呈非常显著相关,且情绪抵抗力强的驾驶人需要更大的安全缓冲区间,该结果与不考虑行程距离时的结果一致。

针对电动汽车用户驾驶行为驾驶心理的变化,由于电动汽车电量的下降,则会产生激进的驾驶行为。保护驾驶人免受里程焦虑的影响,需要对相关因素进行分析以及参考,以卡方检验为标准,结果见表 3.2-7。

与抢行行为相关因素的卡方检验结果　　表3.2-7

因素	抢行	不抢行	P值
性别＊＊			0.029
男性	24	132	—
女性	2	50	—
年龄＊＊			0.040
≤32.99年	19	94	—
>32.99年	7	88	—
燃油汽车驾驶经验＊＊＊			0.009
有	26	143	—
无	0	39	—
电动汽车最大续驶里程＊＊			0.028
≤219.727km	8	98	—
>219.727km	18	84	—
驾驶决策力＊＊			0.023
低于平均值	2	52	—
高于平均值	24	130	—
对情绪的抵抗力＊＊＊			0.005
低于平均值	4	81	—
高于平均值	22	101	—

在电动汽车驾驶行为中，里程焦虑状态下对于是否抢行的相关影响因素结果表明，有众多因素与抢行行为相关。其中性别的P值为0.029，与抢行行为呈显著相关，在里程焦虑下，男性驾驶人比女性驾驶人更有可能抢行；年龄的P值为0.04，与抢行行为呈显著相关，年轻驾驶人更有可能因为里程焦虑而抢行；燃油汽车驾驶经验的P值为0.009，与抢行行为有非常显著的相关性，因此，有燃油汽车驾驶经验更容易抢行；电动汽车最大续驶里程的P值为0.028，与抢行行为呈显著相关，续驶里程越长的电动汽车更容易抢行；驾驶决策性的P值为0.023，与抢行行为呈显著相关，驾驶人决策性越强，越容易抢行；对情绪的抵抗力P值为0.005，与抢行行为有非常显著的相关性，情绪抵抗力越强的驾驶人更容易抢行。

在组织者进行交通设施以及交通规划的过程中，更应该注意驾驶人在该路段是否抢行的问题。及时采取信息指示措施，对前方道路交通状态的变化情况进行告知会大大降低驾驶人的焦虑程度，这对交通规划工作者有重要指导意义。

3.2.3　小结

本节对电动汽车用户在不同行程距离下能接受的安全缓冲值，以及里程焦虑下驾驶行为偏好进行了SP意向调查，再利用卡方检验对各因素变量进行相关性分析，分析结果显示：

当行程距离为10km时，只有车辆剩余电量对应的剩余里程不低于16.43km时，电动汽车驾驶人才不会感到焦虑；当行程距离为30km时，只有车辆剩余电量对应的剩余里程不低于44.93km时，电动汽车驾驶人才不会感到焦虑；当行程距离为60km时，只有车辆剩余电量对应的剩余里程不低于76.2km时，电动汽车驾驶人才不会感到焦虑。

电动汽车用户安全缓冲区可以保护驾驶人免受里程焦虑的影响，通过分析与用户安全缓冲相关的因素就可以了解驾驶人在里程焦虑下的行为偏好。驾驶人感到里程焦虑时的驾驶行为主要与两种策略有关，一种是为了减少电量消耗以延长剩余行驶里程，其中最具代表性的是减少加速并以更慢的速度行驶；另一种是通过大幅增加车辆的电量以延长剩余行驶里程，其中最具代表性的是抢行。

在实例分析的7种驾驶行为中，减少加速并以更慢的速度行驶、改变一些驾驶习惯和寻找附近充电桩是最常见的3种行为。改变一些驾驶习惯代表了驾驶人在压力下行为的不确定性；降低加速频率并以更慢的速度行驶和寻找附近充电桩这两种行为是用来减少在行程中被困的风险，即驾驶人选择降低加速频率并以更慢的速度行驶是为了减少电量消耗以延长剩余行驶里程，驾驶人选择寻找充电桩充电是为了大幅增加车辆的电量以延长剩余行驶里程。其他列出的驾驶行为也分别与这两种策略相关，但其特征没有被选择最多的两种行为明显。

抢行被认为是一种旨在更快接近充电设施的行为，但该行为违反交通道德，且驾驶人是冒着发生交通事故的风险抢占道路行驶。年轻驾驶人、男性驾驶人更有可能抢行，可能是由于年轻和男性驾驶人在精神上更爱冒险。具有燃油汽车驾驶经验的驾驶人更有可能抢行，调查发现，在39名没有燃油汽车驾驶经验的驾驶人中，没有人选择抢行行为，这可能是由于没有燃油汽车驾驶经验的驾驶人们认为抢行会加剧电量的消耗。电动汽车最大续驶里程与抢行行为有显著相关性，驾驶更大续驶里程电动汽车的驾驶人更有可能抢行，这可能是因为这些驾驶人已经习惯了所驾驶车辆具有卓越的续驶能力，并且对抢行等更具风险的行为表现出更大的接受程度。驾驶人在驾驶时的决策力和对情绪的抵抗力与里程焦虑下出现抢行行为的可能性呈正相关。决策力强的驾驶人能够快速作出决定，因此，更可能采取冒险行为。情绪抵抗力较强的驾驶人对外界压力不敏感，因此，也会采取抢行等冒险行为。以往研究发现，准确可靠的车载信息系统可有助于缓解驾驶人的里程焦虑，并提出了估算蓄电池剩余电量或车辆剩余里程的方法。然而信息系统如果过早提示驾驶人车辆的剩余里程即将或已经耗尽，会加剧驾驶人的里程焦虑。因此，信息系统最重要的是在合适的时间为驾驶人提供需要的信息，对焦虑的驾驶人给予必要且准确的驾驶行为指导。通过前面的分析，可以了解里程焦虑是如何影响驾驶人的驾驶行为。改变现有的驾驶习惯可能会导致对之后驾驶的不熟悉，有些行为会分散驾驶人的注意力且存在危险，从而导致交通事故。因此，正确的引导对于驾驶安全是至关重要的。

如果车辆接收到行程的目的地，利用全球导航卫星系统（Global Navigation Satellite System，GNSS）信息，车辆能够计算出当前行程中的路线和剩余里程。当计算得到的剩余里程接近于或即将低于该行程距离对应的安全缓冲值时，车辆应该给予驾驶人指导，以缓解里程焦虑。通过记录驾驶人的个人属性和行为偏好，车辆可以为每位驾驶人生成特定的出行解决方案,解决方案可变的部分包括用户能接受的安全缓冲值范围以及驾驶人的行为偏好等内容。

3.3　网联电动汽车用户微观驾驶行为

微观驾驶行为是从驾驶人的角度出发,对于道路驾驶中产生决策的阶段进行分析,产生对于单车驾驶人以及车队行驶效益最大化的行驶行为。本节重点介绍用户的微观驾驶行为模型包括经典跟驰模型、混合交通流跟驰模型、换道模型。通过学习本节内容,读者将对道路微观驾驶行为有更为深刻的认识。

3.3.1　经典跟驰模型

纵观跟驰模型的发展历程,各种不同的方法相互交融,共同促进了微观交通流理论的发展。许多不同领域的学者都采用各自的理论方法对跟驰行为进行分析与建模,试图从不同的角度来解释观察到的微观现象。跟驰行为的建模思想可以分为交通工程角度和统计物理角度两大类。交通工程角度的跟驰模型侧重于对驾驶人微观行为的描述,以达到精确拟合实际驾驶数据的目的。而统计物理角度的跟驰模型侧重于描述宏观交通特性,通过简单的模型对微观驾驶行为进行描述,以此来展现复杂的交通流动力学特性。跟驰模型的具体分类如图 3.3-1 所示。

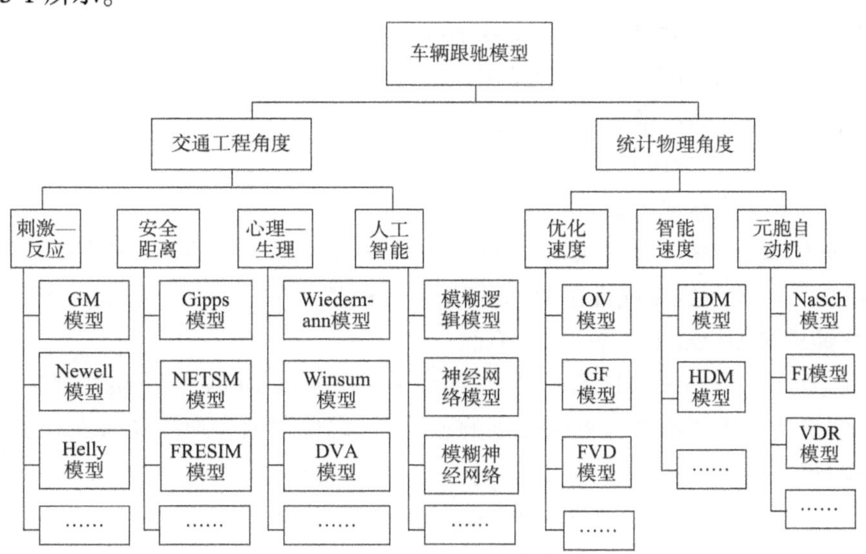

图 3.3-1　跟驰模型具体分类

从交通工程角度对跟驰行为进行建模,侧重于微观驾驶行为的表达与微观数据的标定。在分析各种外界因素对驾驶人跟驰行为影响的基础上,设计合理的模型结构,以突出这些影响因素,使得模型能够在微观上符合实际观测数据。由于这类模型主要的应用方向为交通仿真与交通安全,因而实测数据分析和模型参数标定就显得尤为重要。根据建模思想的不同,将交通工程角度的跟驰模型分为四类,包括刺激-反应类模型、心理-生理类模型、安全距离类模型和人工智能类模型。

刺激-反应类模型和安全距离类模型将人-车系统作为统一体，采用精确的运动学或动力学公式描述车辆运行轨迹，在交通仿真和智能车辆等领域有着广泛的应用价值。

心理-生理类模型和人工智能类模型则更多地考虑对驾驶人心理反应特性的描述与建模，模型中更多地体现了跟驰行为中人的因素。

按照统计物理学的观点，车辆被作为自驱动远离平衡的相互作用粒子。物理学家通过在跟驰模型中引入能够描述实际交通流基本特性的一些本质因素，建立起微观跟驰模型。对于模型的理论分析和计算机仿真不仅能够对模型进行深入理解，还能帮助更好地理解观察到的实际交通流的复杂现象（相变、亚稳态、迟滞现象、时走时停等）。

车辆跟驰（Car Following，CF）行为是最基本的微观驾驶行为，描述了在限制超车的单行道上行驶车队中相邻两车之间的相互作用。

1）刺激-反应类模型（GM 模型）

GM 模型是早期跟驰模型中最为著名的模型之一，其形式简单，物理意义明确，函数形式为非线性函数，其具体表达如式（3.3-1）所示：

$$a_n(t+T)=\lambda v_n^m(t+T)\frac{\Delta v(t)}{\Delta x^l(t)} \tag{3.3-1}$$

式中：$a_n(t+T)$——第 n 辆车在 $t+T$ 时刻的加速度；

$v_n^m(t+T)$——第 n 辆车在 $t+T$ 时刻的速度；

$\Delta v(t)$——t 时刻前导车与跟驰车的速度差；

$\Delta x^l(t)$——t 时刻前导车与跟驰车的车头间距；

λ——跟驰车敏感系数；

T——反应时间；

l——待标定系数。

针对 GM 模型，后继学者发现该模型存在一些缺陷，因此，Dreyfuss M[3] 等人在 GM 模型的基础上考虑了车间距的非线性函数，完善了 GM 模型。

2）优化速度模型（Optimal Velocity，OV）

1995 年，Dian[4] 提出了优化速度模型，构建了一个通过车间距和安全距离来表示的优化速度函数，即根据车辆间距来约束跟驰车的速度，以优化跟驰车速度实现交通流的稳定性，如式（3.3-2）所示：

$$a_n(t)=\alpha\{V[\Delta X_n(t)]-v_n(t)\} \tag{3.3-2}$$

式中：$a_n(t)$——跟驰车在 t 时刻的加速度；

$\Delta X_n(t)$——跟驰车在 t 时刻的位置；

$v_n(t)$——跟驰车在 t 时刻的速度；

α——敏感系数；

$V[\Delta X_n(t)]$——优化速度函数，如式（3.3-3）所示：

$$V[\Delta X_n(t)]=V[\tanh(\Delta x-L)+\tanh(L)]_{\max} \tag{3.3-3}$$

式中：$V_{\max}$——最大行驶速度；

Δx——前导车与跟驰车的车间距；

L——最小安全距离。

OV 模型的核心思想是以车间距为基础而优化出跟驰车的最优速度，但考虑仍不够全面，因此，许多学者对 OV 模型进行了后续扩展。胡之英[5]等人在此基础上，加入了前车加速度的特性构建了完善后的跟驰模型；在优化速度函数方面，杨晓明[6]等人同时考虑了车间距、前导车与跟驰车的相对速度的影响，对优化速度函数进行改进，使模型考虑因素更加全面。

3）广义力（Generalized Force，GF）模型

1998 年，Helbing[7]等人提出广义力模型，将速度差这一关键词纳入了对跟驰车加速度的影响范围之中，速度差即为跟驰车与前导车的速度之差，并构造了关于负速度差的 Heaviside 函数。当跟驰车速度大于前导车速度时，则考虑两车相对速度对跟驰车加速度的影响，若跟驰车速度小于前导车速度，则不考虑，如式(3.3-4)所示：

$$a_n(t)=h\{V[\Delta X_n(t)]-V_n(t)\}+\lambda H[\Delta V_n(t)]\Delta V_n(t) \tag{3.3-4}$$

式中：$\Delta V_n(t)$——跟驰车与前导车的速度差；

h——前导车反应时间的倒数；

λ——系数；

$H[\Delta V_n(t)]$——单位阶跃函数，如式(3.3-5)所示。

$$H(x)=\begin{cases}1 & x\geqslant 0\\ 0 & x<0\end{cases} \tag{3.3-5}$$

GF 模型相较于前两种模型而言，更符合实际的交通流运行状态，但仍有不足之处。针对该模型，后来学者作出了以下改进。张蓉蓉[8]等人略去了 Heaviside 函数，加入了前导车与跟驰车车头间距的高次项对跟驰车加速度的影响，提出了一种新的优化速度模型；许世燕[9]等人考虑了车头间距来限制跟驰车的最大速度，避免了 GF 模型过大车头间距的不足。

4）全速度差（Full Velocity Difference，FVD）模型

对速度差进行全面分析，全速度差模型不仅考虑了前导车速度小于跟驰车的情况，还考虑了前导车速度大于跟驰车的情况，使应用情况更加广泛实际，如式(3.3-6)所示：

$$a_n(t)=h\{V[\Delta X_n(t)]-V_n(t)\}+\lambda\Delta V_n(t) \tag{3.3-6}$$

针对 FVD 模型的不足，有学者作出了以下改进。王建都[10]等人同时考虑了多辆前导车的最优速度，构建了 IFVD 模型；王涛[11]等人通过多辆前导车之间的速度差对跟驰车速度的影响构建了 MVD 模型，预留了更多时间来进行跟驰车辆速度判断调整。

此外，Li[12]等人提出了 T-FVD 模型（考虑电子节气门开度的全速度模型），以此研究车辆自身因素与运动状态之间的相互关系，具体公式为：

$$a_n(t)=k\{V[\Delta X_n(t)]-V_n(t)\}+\lambda\Delta V_n(t)+\kappa\Delta\theta_n \tag{3.3-7}$$

电子节气门开度与车辆速度及位置间的关系为：

$$a_n(t)=-b(V_n(t)-V_0)+c\,\bar{\theta}_n+d_n \tag{3.3-8}$$

式中：$\bar{\theta}_n$——当前电子节气门开度与理想节气门开度之间的误差；

$X_n(t)$、$V_n(t)$、$a_n(t)$——时间为 t 时车辆 n 的位置、速度和加速度；

k、λ、κ——模型的敏感系数；

V_0——交通流处于稳定状态时车辆的速度；

$\Delta X_n(t)$、$\Delta V_n(t)$、$\Delta\theta_n$——时间为 t 时车辆 $n+1$ 与车辆 n 之间的位置差、速度差以及电子节气门开度差；

b、c——参数；

d_n——细小波动；

$V[\Delta X_n(t)]$——优化速度函数。

T-FVD 模型引入了车辆间的电子节气门开度差对跟驰车辆驾驶行为的影响，κ 为 0 时，则不考虑电子节气门开度差的影响，此时，T-FVD 模型便为 FVD 模型。

3.3.2 混合交通流跟驰模型

3.3.2.1 混合交通流特性

交通流特性(Traffic Flow Characteristic)定义为交通体系中人流、车流在不同条件下变化规律及其相互关系的定量或定性描述的总和，智能网联汽车的出现改变了传统交通流单一的局面。本节从自动驾驶车辆与人工驾驶车辆的行驶特性入手，并以此为基础总结混合交通流特性。

1)自动驾驶车辆特性

网联自动驾驶汽车(Connected Autonomous Vehicle，CAV)的运动按照驾驶行为过程可以划分为感知、决策及控制三个阶段。对于感知阶段，CAV 探测与感知系统能采集得到车辆内、外部环境的信息，包括交通信号与标志、行人和障碍物、道路线形、天气状况、车辆自身状况等。与此同时，CAV 的车间通信功能可以采集车车之间的位置、速度、加减速行为以及换道行为等信息。对于决策阶段，各传感器将实时搜集的大量信息输入至电子控制单元(Electronic Control Unit，ECU)，ECU 对搜集到的信息进行融合处理，并应用车辆控制算法发布决策控制信息，如车辆加速、减速、换道、制动等行为决策。对于控制阶段，ECU 根据 CAV 精准的控制机制与稳定的动力输出使得车辆具备拟人化行驶特性，可进一步提升驾驶安全性与舒适性。

基于上述 CAV 车辆行驶特性，其对微观驾驶行为的影响主要体现在更短的安全距离、更高行驶速度与频率更低的加减速行为三个方面。

(1)更短的安全距离。

安全距离是指车辆跟驰过程中，当前导车辆采取紧急制动时，跟驰车辆在保障安全的前提下完成制动过程所需要的最短距离。由于 CAV 具有更快的信息获取速度以及更短的决策响应时间，因此，最小安全距离会相应减小。

(2)更高的行驶速度。

CAV 的车间通信功能使得前车和后车可以分享速度信息，因此，车辆间可以保持较高的行驶速度进行编队巡航，使得整体交通流更加稳定。

(3)频率更低的加减速行为。

在智能网联环境下，CAV 能够以较小的车头时距跟驰行驶，与此同时，CAV 由于具备

V2X/V2I 等通信能力和极低时延的反应时延可使其实现编队行驶。编队行驶模式下，车队中所有 CAV 能保持稳定的跟驰状态、较小的车头时距与较高的行驶速度，减少了低速行驶的时间与不必要的加速与减速行为。

2）人工驾驶车辆特性

在整个驾驶任务中，人工驾驶车辆（Human-driving Vehicle，HDV）完全由人为接管。人工驾驶时，驾驶人的操作是决定车辆状态变化的主要因素。驾驶人通过对周围道路设施的观察和对周围车辆位置、速度和运动趋势进行目测判断之后，根据自身驾驶经验进行车辆操纵。影响人工驾驶的因素有心理状态、生理状态、驾驶经验、驾驶谨慎程度等。人工驾驶操纵的不稳定性是导致车辆纵向速度轨迹非平滑和横向位置偏移的主要原因。

3）混合交通流特性

根据以上对 CAV 与 HDV 车辆特性的分析并基于仿真验证，总结出自动驾驶技术对混合交通流的影响大致有更高的行驶速度和更小的速度波动、更高的通行能力、更高的安全性和更少的交通拥堵 4 个方面。

（1）更高的行驶速度和更小的速度波动。

CAV 渗透率的提高会相应地减少车流中 HDV 的比例，进一步减少车流中产生驾驶波动的 HDV 数量，在一定程度上抑制了车流平均速度的波动幅度，最终提高车流的平均速度。

（2）更高的通行能力。

相较于 HDV 而言，CAV 具备更精确的感知能力、更迅速决策的能力与更稳定的控制能力，因此 CAV 可以保持更小的车头间距和更高的车速行驶，从而 CAV 的通行效率比 HDV 更高。由此可知，CAV 的引入将有效提高混合交通流的最大通行能力。这里引入通行能力比（Capacity Ratio）作为 CAV 对混合交通流通行能力影响作用的评价指标，即：

$$\text{Capacity Ratio} = \frac{C(p_{\mathrm{A}})}{C(0)} \tag{3.3-9}$$

式中：$C(p_{\mathrm{A}})$——CAV 渗透率为 p_{A} 时的基本通行能力；

$C(0)$——CAV 渗透率为 0，即车流全为 HDV 时的基本通行能力。

（3）更高的安全性。

CAV 搭载的先进高级驾驶辅助系统，可以通过车辆探测与感知系统实时获取周围的环境状态信息，为驾驶人提供相关的危险警告，并在必要时通过主动式干预以规避危险的发生。因此，混合交通流整体的安全性亦将提高。

（4）更少的交通拥堵。

在智能网联环境下，CAV 会根据实时路网信息，基于系统最优（System Optimal，SO）准则为驾驶人规划最佳行驶路线，能够减少路网产生拥堵的概率。其次，CAV 行驶稳定性与安全性更高，能够有效减少甚至避免交通事故的发生，从而亦可以减少由交通事故引起的交通拥堵。最后，CAV 具备更高车行驶车速与更小的车头间距，能够有效减少因人工驾驶人通行效率低引起的交通拥堵。

3.3.2.2　混合交通流跟驰模型

网联自动驾驶汽车在行驶过程中会存在两种跟驰状态，分别为自适应巡航控制（Adaptive Cruise Control，ACC）及协同自适应巡航控制（Cooperative Adaptive Cruise Control，CACC）跟驰状态。ACC 是一种通过车载测量设备获得与前车的实时车间距离及速度等信息，并应用加速度优化算法控制车辆与前车保持稳定车间时距行驶的车辆纵向跟驰控制技术，可视为自动驾驶汽车技术的重要组成部分。CACC 车辆不再通过车载设备检测前车行驶状态，而是应用车车无线通信技术，由前车将速度与加速度等行驶状态发送至 CACC 车辆。根据网联自动驾驶汽车（CAV）与传统人工驾驶车辆（HDV）组合的不同跟驰行为，道路交通流将会历经 ACC 与 HDV 混合（前期）、ACC 与 CACC 及 HDV 混合（中期）和 CACC 与 HDV 混合（后期）三个阶段。

随着智能车辆的普及，跟驰行为也随着车辆类型的不同而发生了变化，本节主要介绍以下三种。

1）智能驾驶人（Intelligent Driver Model，IDM）跟驰模型

德国学者 Treiber 等提出的智能驾驶人跟驰模型被广泛应用于人工驾驶车辆跟驰特性研究，适用于表征人工驾驶员行为特性。

IDM 车辆跟驰模型：

$$\dot{v}_n(t)=\left[1-\left(\frac{v_n(t)}{v_0}\right)^4-\left(\frac{h_n^*(t)}{h_n(t)-l_{veh}}\right)^2\right] \tag{3.3-10}$$

其中，

$$h_n^*(t)=l_{safe}+v_n(t)t_m-\frac{v_n(t)\Delta v_n(t)}{2\sqrt{\alpha\beta}} \tag{3.3-11}$$

式中：$\dot{v}_n(t)$——HDV 目标加速度；

$v_n(t)$——HDV 当前时刻速度；

α——最大加速度；

v_0——自由流速度；

l_{safe}——最小安全停车间距；

t_m——IDM 车辆期望车间时距；

$\Delta v_n(t)$——前车与后车的速度差项；

β——舒适减速度；

$h_n(t)$——当前时刻车头间距；

$h_n^*(t)$——期望车头间距；

l_{veh}——车辆长度。

IDM 模型所有参数取值见表 3.3-1。

IDM 模型参数标定取值 表 3.3-1

参数	取值	参数	取值
α（m/s²）	1	v_0（m）	33.3
β（m/s²）	2	l_{safe}（m）	2
t_m（s）	2	l_{veh}（m）	5

2）CACC 跟车模型

协同自适应巡航系统（Cooperative Adaptive Cruise Control，CACC）通过实时获取前车的信息调整自身的运行状态，达到实时自适应控制，是网联自动驾驶车辆最具潜力的控制模式，成为目前最有可能应用的网联自动驾控制系统。

CACC 车辆跟驰模型如下：

$$\begin{cases} v_n(t+\Delta t) = v_n(t) + k_p e_n(t) + k_d \dot{e}_n(t) \\ e_n(t) = h_n(t) - l_{safe} - l_{veh} - t_c v_n(t) \end{cases} \tag{3.3-12}$$

式中：$v_n(t)$——CACC 在 t 时刻的速度；

$v_n(t+\Delta t)$——CACC 在 $(t+\Delta t)$ 时刻的速度；

k_p、k_d——控制系数；

e——实际车头间距与期望车头间距误差；

$\dot{e}$——e 对时间的微分项；

t_c——CACC 车辆期望保持的恒定车间时距。

然后，对式(3.3-12)中的 CACC 模型速度求导，可得：

$$\dot{v}_n(t) = \frac{k_p(h - l_{veh} - l_{safe}) - k_p t_c v_n(t) + k_d \Delta v_n(t)}{k_d t_c + \Delta t} \tag{3.3-13}$$

式中：Δt——速度更新时间间隔，取 0.01s。

根据文献[13]实车数据标定结果，CACC 模型所有参数取值见表 3.3-2。

CACC 模型参数标定取值 表 3.3-2

参数	取值
$t_c(s^{-1})$	0.6
$k_p(s^{-1})$	0.45
$k_d(s^{-1})$	0.25

3）ACC 跟车模型

ACC 是 CACC 退化后的控制模式，车辆具有自动驾驶功能，但没有通信功能。

ACC 车辆跟驰模型如下：

$$\dot{v}_n(t) = k_1(h_n(t) - l_{veh} - l_{safe} - t_a v_n(t)) + k_2 \Delta v_n(t) \tag{3.3-14}$$

式中：k_1——车间距误差控制系数；

k_2——速度差控制系数；

t_a——ACC 车辆期望保持的恒定车间时距。

根据文献[13]实车数据标定结果，ACC 模型所有参数取值见表 3.3-3。

通过以上介绍可知，在智能网联环境下，车辆跟驰模型主要有两类结构。第一类结构是车辆具备车间通信功能，其车辆纵向跟驰模型能够依据自身速度与紧邻前车的速度差、车头间距及加速度反馈动态调整自身加速度，达到与前车同步的效果，如 CACC 跟驰模型。第二类是车辆不具备车间通信功能，其车辆纵向跟驰模型仅能依据自身速度与紧邻前车的速度差、车头间距调整自身加速度输出，如 IDM 跟驰模型、ACC 跟驰模型。

ACC 模型参数标定取值 表 3.3-3

参数	取值
$t_a(s^{-1})$	1.1
$k_1(s^{-2})$	0.23
$k_2(s^{-1})$	0.07

3.3.3 换道模型

最早对换道模型进行系统研究的是澳大利亚人 Gipps，本文称其模型为 Gipps 模型。在这一模型的基础上，许多学者对换道模型进行了研究，目前应用比较多的模型有 MITSIM 模型、CORSIM 模型、SITRAS 模型等。当然还有许多其他模型，如 AIMSUN2 模型、HUTSIM 模型以及基于行为阈值、模糊数学和神经网络等理论的换道模型，但目前这些模型的应用范围相对较窄。限于篇幅，在此只针对几种较为常用的模型进行详细论述。

3.3.3.1 Gipps 模型

Gipps 于 1986 年首先建立了受交通信号、障碍物和重型车等影响的城市道路的换道决策结构框架。Gipps 模型假定驾驶人的行为是理性的，据此重点分析了潜在冲突影响下的换道决策过程。该模型认为车辆是否换道主要取决于以下 6 个因素：①换道是否安全、可行，能否避免碰撞发生；②障碍物的位置；③专用车道的出现；④驾驶人预定的转向运动；⑤重型车的出现；⑥当前车道和目标车道的相对速度优势。

换道是否安全可行由换道所需的减速度$\frac{V_n(t+T)-V_n(t)}{T}$是否大于可接受的减速度（一般假定为 $-4m/s^2$）决定，换道所需减速度小于可接受减速的范围则视为安全。$V_n(t)$为车辆 n 在 t 时刻的速度，而 $V_n(t+T)$ 由下式决定：

$$V_n(t+T)=b_nT+\{b^2nT^2-b_n[2x_{n-1}(t)-2x_n(t)-2S_{n-1}-V_n(t)T]^{\frac{1}{2}} \quad (3.3\text{-}15)$$

式中：$V_n(t+T)$——车辆 n 在 $t+T$ 时刻的速度；

b_n——车辆 n 能接受的减速度，$b_n<0$；

T——速度和位移的计算步长；

$x_n(t)$——车辆 n 在 t 时刻的位置；

S_{n-1}——车辆 $n-1$ 的有效长度；

$\hat{b}$——b_{n-1}的一个估计值。

3.3.3.2 MITSIM 模型

在 MITSIM 换道模型是由 Yang-Qi 博士在 Gipps 模型基础上提出的一种新模型。该模型把换道过程分为 3 步。首先，判断是否有必要换道并确定换道的类型；其次，检测间隙并选择换道方向；最后，实施换道。在 MITSIM 的换道模型中，其换道需求由当前车道和目标车道的交通状况共同决定。如果车辆由于前方的慢车导致它的速度低于期望速度或车道的最大速度时，将检测旁边车道是否有机会提高车速。忍耐因子和速度差因子等几个参数被用来确定当前速度是否足够低、旁边车道速度是否足够大，据此判断是否有换道的需求。需求产生后，将选择可换入的车道。车道是否可换入需要考虑诸如换道规则、车道使用权、车道间的连接、信号状态、事故、主要交通状况、驾驶人的期望速度和车道的最大速度等因素。确定可换入的车道后，将检测目标车道的前后间隙是否充足。判断性换道的最小间距可表示为：

$$\tilde{g}_n^i = \tilde{g}^i + \tilde{\varepsilon}_n \qquad i = \text{lead}, \text{lag} \tag{3.3-16}$$

式中：$\tilde{g}_n^i$——车辆 n 在判断性换道时能接受的最小间距；

$\tilde{g}^i$——平均可接受间距；

$\tilde{\varepsilon}_n$——随机误差项；

$i=\text{lead}$——超前算法；

$i=\text{lag}$——滞后算法；

lead——前车；

lag——滞后车辆。

3.3.3.3　CORSIM 模型

CORSIM 由美国联邦公路局(FHWA)开发，综合了 2 个微观仿真模型(用于高速公路的 FRESIM 和用于城市道路的 NETSIM)。FRESIM 换道模型由动机因素、利益因素和紧急因素组成。动机因素由一个被定义为不可忍受的速度极限值的外生变量决定，当车辆的速度低于这个极限值时，驾驶人便会产生换道的动机。利益因素代表换道获得的利益。紧急因素则指换道愿望的强烈程度，驾驶人可接受的减速度与换道的紧急因素有关。可接受的减速度由下式得出：

$$d = \begin{cases} d_{\min} & U < (1 - 0.05 \times c) \\ d_{\min} + (d_{\max} - d_{\min}) \dfrac{U + 0.05 \times c - 1}{0.05 \times c} & U \geqslant (1 - 0.05 \times c) \end{cases} \tag{3.3-17}$$

式中：$d_{\min}$、$d_{\max}$——可接受的最小减速度和可接受的最大减速度；

c——换道的反应延迟时间；

U——紧急因素，它由式(3.3-18)决定：

$$U = \text{DAF} \times \text{NLC} \times (V_{\text{F}}^{\text{des}})^2 \div [20(x - x_0)] \tag{3.3-18}$$

式中：DAF——驾驶人的类型编号，$\text{DAF} = (1.0 + DT - 5.5)/F_{\text{DN}}$；

DN——驾驶人驾驶倾向性指标；

NLC——换道所需的次数；

$V_{\text{F}}^{\text{des}}$——主车(指有换道意图的车辆，下同)的期望速度；

x——车辆的当前位置；

x_0——换道的目标位置。

NETSIM 换道模型包括强制性换道和判断性换道。车辆驶入或驶出交织区、匝道或接近车道终止处时的换道为强制性换道，只有后车能减速不至于与前车相撞时车辆才会实施换道。NETSIM 的判断性换道模型主要由换道动机和间隙检测两部分组成。换道动机由主车的实际速度以及它与当前车道前车的车头间距共同决定，该模型假定当车头间距小至不可忍受或实际运行速度小于给定的不可忍受值的一半时，车辆将尝试换道。不同驾驶人的不可忍受的车头间距值是不同的，具体值由下式决定：

$$DT > 9 \cdot \frac{S - 2 \times (V_{\mathrm{F}} - V_{\mathrm{L}}) - h_{\min}}{\dfrac{V_{\mathrm{F}}^{\mathrm{des}}}{h_{\max} - h_{\min}}} \tag{3.3-19}$$

式中：DT——驾驶人的类型编号；

S——主车与当前车道前车的间距；

V_{F}——主车的实际速度；

V_{L}——目标车道前车的实际速度；

$V_{\mathrm{F}}^{\mathrm{des}}$——有换道意图车的期望速度；

$h_{\max}$、$h_{\min}$——所有车都试图换道的最小车头时距和没有一柄车试图换道的最大车头时距。

3.3.3.4 SITRAS 模型

SITRAS 是由 Hidas 等开发的一个大型多智能体仿真系统。该模型的换道可行性判断基于以下 2 个条件。

①主车跟随目标车道前车的减(加)速度是否大于主车可接受的减速度；

②目标车道后车跟随主车时的减速度是否大于目标车道后车可接受的减速度。

主车和目标车道后车的减速度由跟车模型算出，而可接受的减速度由下列公式算出。这一公式是对 Gipps 提出的公式的一个改进，具体为：

$$b_n = \left[2 - \left(D - \frac{x_n(t)}{(10v_n)}\right)\right] b_{\mathrm{LC}} \theta \tag{3.3-20}$$

式中：b_n——车辆 n 在 t 时刻可接受的减速度；

D——预定的转向或障碍物的位置；

x_n——车辆 n 在 t 时刻的位置；

v_n——车辆 n 的期望速度；

b_{LC}——车辆愿意接受的减速度的平均值，一般取最大减速值的一半；

θ——驾驶人的风险系数，它代表驾驶人间的个体差别，服从正态分布，取值范围为 0~99。

条件 1 中的 θ 为平均风险系数($\theta = 50$)与主车驾驶人的风险系数的比值，条件 2 中的 θ 为主车驾驶人的风险系数与目标车道后车驾驶人的风险系数的比值。

3.3.3.5 换道模型对比

Gipps 模型在换道需求的判断之前就先进行可行性检测，这与现实逻辑不符，且存在计算量庞大、计算无效率等缺陷。另外，Gipps 模型也没有得到实测数据的验证。尽管如此，Gipps 模型作为早期工作，首次建立了换道决策的结构框架，具有开创意义，许多后期的模型(如 AIMSUN2、MITSIM、SITRAS 等)都源于这个思想框架。

MITSIM 换道模型继承了 Gipps 模型的思想，并对其进行了改进，给出了较为详细的判断性换道和强制性换道的规则，并在最小间距中加入了随机误差项。但它没有考虑间隙不足时，车辆间竞争合作下的车速让行行为。

CORSIM 模型包括用于城市的 NETSIM 模型和用于高速公路的 FRESIM 模型，应用范围较广。但这一模型基于减速度的基础上来判定车辆是否实施换道，而减速度的计算需要多个过程才能完成；况且，模型中需要标定的参数较多，其中一些参数甚至很难通过实测数据去标定。

SITRAS 模型把人车单元当作一个多智能体，考虑了后间距不足时，车辆间的竞争合作关系及其减速让行行为，能很好地反映受事故影响的交通状况下的换道行为。正是由于这一模型的专用性，使得它并不能推广到一般的交通状况。由上可知，目前的换道模型较多，各有优缺点，但还没有哪个模型能得到广泛认同和应用，所以，仍需对其进行更为深入、全面的研究。

3.4 电动汽车普通驾驶人路径选择行为

路径选择是出行行为研究领域的一个关键问题，它为许多交通问题研究提供了理论基础。路径选择是交通科学领域中的一项基础研究，旨在预测不同环境下出行者的决策行为和结果。研究通常是基于一定的行为假设对出行者的路径选择行为进行分析和建模，集中体现在各种交通分配模型之中。而电动汽车作为一种新的出行交通工具，其交通行为必然与之前的交通流模式不一样。学者们研究了电动汽车出行具有里程焦虑这一特征，并基于该特征改进和重新构建了传统交通分配模型，从而适应了新的交通网络和交通流模式。本节主要讲解电动汽车交通分配模型相关研究。

城市交通的出行者是交通网络分析的对象，在数据资源日益丰富的背景下，如何更好地理解人类出行活动是目前交通领域面临的巨大挑战。同时，在不同道路、交通、控制和环境条件下，简单地将交通现象进行回归分析或是采用经验公式来逼近现实并不能很好地从本质上理解交通，唯有从成因出发，探寻因果关系才能使交通模型具有物理意义和可解释性。因此，理解基本的、经典的交通模型有利于更好地利用交通数据来挖掘城市出行的潜在规律。

一般经典的交通模型都是从 OD、路段和路径三个层面进行交通网络分析，相应地，交通网络分析过程也就伴随着 OD 流量、路段流量和路径流量的估计问题。如果每个出行者在相应出行的 OD 对间能够找到出行时间最小的路径，即可构成用户均衡（User Equilibrium，UE）模型。然而在现实生活中，出行者很难准确获取路网的实时交通状况，也无法精准地感知实际行驶时间，此时出行者的感知行驶时间和实际行驶时间之间存在一定的偏差，相应地就有了随机用户均衡（Stochastic User Equilibrium，SUE）模型[14]。

3.4.1 用户均衡模型

随机用户均衡建立在出行者感知到的行驶时间存在一定偏差的基础上，而当这种偏差等于 0 时，则每个出行者在相应出行的 OD 对间能够找到实际时间最小的路径，这也说明了用户均衡实际上是随机用户均衡的一个特例。

对于出行者选择行驶时间最小的路径这一行为，我们可以抽象地将其表达为求解个人出行成本最小化问题。给定一个交通网络 A，将路段 $a \in A$ 在路段流量为 x_a 情况下的行驶时间记为 $t_a(x_a)$ 来表示出行成本，$t_a(x_a)$ 也被称为路阻函数。随着流量的增加，行程时间也会相应地增加。一般来说，这种出行成本—流量的关系符合实际的交通规律。

用户均衡模型的目标函数是每一条路段路阻函数积分的累加，可以写成如下形式：

$$\min Z = \sum_{a \in A} \int_0^{x_a} t_a(\omega)\,\mathrm{d}\omega \tag{3.4-1}$$

在交通中，路阻函数要体现出交通拥堵规律，通常要求其具备非线性，并严格地随着流量递增。最为经典的路阻函数表达式是美国联邦公路局（Bureau of Public Road，BPR）模型，即：

$$t_a(x_a) = t_a^0\left[1 + \alpha\left(\frac{x_a}{C_a}\right)^{\beta}\right] \tag{3.4-2}$$

式中：$t_a(x_a)$——路段 a 的阻抗，即路段 a 的实际行驶时间；

t_a^0——零流阻抗，即路段 α 在交通量极小、车辆可以自由行驶状态下的行驶时间；

C_a——指路段 a 的实际通行能力，即单位时间内路段实际可通过的车辆数；

a、β——阻滞系数，在 BPR 函数中分别取值为 0.15 和 4，当道路交通状况发生变化时，可以收集实际数据并利用回归分析重新求解阻滞系数。

考虑到路段流量、路径流量和 OD 需求之间存在一定的转换关系，可以从三者转换关系出发来分析用户均衡模型的约束条件。

首先，OD 需求和路径流量之间存在恒等约束，即在一个 OD 对上，所有路径的流量之和应等于该 OD 对间的交通需求，用 q^{rs} 表示 OD 对 (r,s) 间的交通需求，将 OD 对 (r,s) 上第 k 条路径的流量记为 f_l^{rs}，则有：

$$q^{rs} = \sum_l f_l^{rs} \qquad \forall r,s \tag{3.4-3}$$

其中，式(3.4-3)中出现的 l 是路径流累加的下标，为了避免混淆，下面在关于路径流累加的求和公式中都用 l 来代替 k。

其次，路段和路径之间存在流量的恒等约束，即在一个路段上，对于所有通过该路段的路径，其流量之和等于该路段的流量。同时需要引入一个 0-1 变量来表达路段-路径的关联关系，用 $\delta_{al}^{rs} = 1$ 表示 OD 对 (r,s) 间第 k 条路径经过路段 a。若 $\delta_{al}^{rs} = 0$，则第 k 条路径不经过路段 a。因此，路段-路径恒等约束可以写成：

$$x_a = \sum_{rs} \sum_l f_l^{rs} \delta_{al}^{rs} \qquad a \in A \tag{3.4-4}$$

最后是路段流量和路径流量的非负约束，即：

$$x_a \geqslant 0 \qquad a \in A \tag{3.4-5}$$

$$f_k^{rs} \geqslant 0 \qquad \forall r,s,k \tag{3.4-6}$$

电动汽车可行路径的定义为如果电动汽车剩余电量对应的剩余行驶里程大于该路径距离，那么该路径称为可行路径。如果出行费用仅考虑行驶时间这一因素，则新的用户均衡模型的目标函数与传统用户均衡模型的目标函数相同，都是每一条路段路阻函数积分的累加，其中路段阻抗为路段行驶时间。而约束条件除了考虑路段流量、路径流量和 OD 流量之间的守恒关系，还需考虑路径的超出范围成本：

$$(L^{rs}-d_k^{rs})f_{k,e}^{rs}\geqslant 0 \tag{3.4-7}$$

其中，为电动汽车剩余电量对应的行驶里程；d_k^{rs} 为 OD 对(r,s)间第 k 条路径的长度；$f_{k,e}^{rs}$为 OD 对(r,s)间第 k 条路径上电动汽车的流量。若 $L^{rs}<d_k^{rs}$，说明 OD 对(r,s)间不存在可行路径，OD 对(r,s)间第 k 条路径上电动汽车的流量为 0；否则，存在电动汽车可行路径，且可行路径上电动汽车流量大于 0。

3.4.2　随机用户均衡模型

随机用户均衡有一个重要的假设：出行者作路径选择时，对每条路径感知的行驶时间与实际的行驶时间存在一定的偏差。因此，出行者在路径选择时会依照自己的感觉对每条路径的行驶时间进行预估，同时，选择某条路径的概率也就可以等价于该条路径被出行者选择的比例。

在离散选择模型中，随机效用理论恰好可以描述出行者对路径的感知时间与实际时间之间的偏差，并且这一偏差的概率分布也决定了选择哪种随机用户均衡的加载模型，Logit 加载模型或 Probit 加载模型。

在交通网络分析中，效用这一概念通常用来描述个体出行者对于不同备选路径的偏好。考虑影响个体路径选择行为的隐形因素，可将每条备选路径的效用都用一个确定项 $V_k(\vec{r})$ 和不确定项 $\xi_k(\vec{r})$ 组成的随机变量表示，k 表示第 k 条备选路径，$\vec{r}$ 向量产表示影响个体路径选择行为的隐形因素，若将对应的效用记为 $U_k(\vec{r})$，则满足：

$$U_k(\vec{r})=V_k(\vec{r})+\xi_k(\vec{r})\qquad \forall k \tag{3.4-8}$$

为了便于量化需引入感知时间，OD 对(r,s)间路径 k 的感知时间记作 C_k^{rs}，而实际时间为 c_k^{rs}，则将出行者的路径选择行为简单地认为是受路径的行驶时间所左右，即：

$$C_k^{rs}=c_k^{rs}+\xi_k^{rs}\qquad \forall k,r,s \tag{3.4-9}$$

类似地，将路段 a 的感知时间记为 T_a，实际时间记为 $t_a(x_a)$，则：

$$T_a=t_a(x_a)+\varepsilon_a\quad a\in A \tag{3.4-10}$$

1）Logit 加载模型

在路径感知时间 $C_k^{rs}=c_k^{rs}+\xi_k^{rs}$，$\forall k,r,s$ 中，当误差项 ξ_k^{rs} 是独立同分布的、服从 Gumbel 分布的随机变量时，则路径 k 的选择概率可以用离散选择模型中的 Logit 模型来描述，即：

$$p_k^{rs}=\frac{\exp(-\theta c_k^{rs})}{\sum_l \exp(-\theta c_l^{rs})}\qquad \forall r,s,k,l \tag{3.4-11}$$

式中：θ——用户感知误差参数。

对于所有的 θ 值，不管它们的实际时间如何，所有的路线都被分配流，路线上的流是随实际费用的增加而单调减少的。在 $\theta\to 0$ 情况时，相同时间的所有路线拥有相等的 OD 流。

2）Probit 加载模型

Probit 加载模型首先假设路段的感知行驶时间 T_a，服从均值为实际行驶时间 t_a、方差为 σt_a 的正态分布，即 $T_a\sim N(t_a,\sigma t_a)$，其中 σ 为单位感知行驶时间的方差。在 OD 对(r,s)间，

对于任意一条路径 k 而言，路段和路径之间的感知行驶时间满足 $C_k^{rs} = \sum_{a \in A} T_a \delta_{ak}^{rs}$，即路径 k 的感知行驶时间等于所途经路段的感知行驶时间总和。如果所途经路段的感知行驶时间都独立，且都分布于正态分布，则路径的感知行驶时间 C_k^{rs} 也是服从正态分布的随机变量，即$C_k^{rs} \sim N(c_k^{rs}, \sigma c_k^{rs})$。一旦路径感知行驶时间的概率密度函数确定，即路段实际行驶时间 t_a 和单位感知行驶时间的方差 σ 确定，则该条路径被选中的概率 p 就确定了，Probit 加载模型就能够将 OD 对(r,s)间的需求分配到各条路径上。

3.4.3 多类用户下混合交通均衡模型

为了优化多类型用户下混合交通均衡模型，使之更贴合实际车辆在道路上运行的真实状态，主要对其进行多方面的约束，包括最短路径辨识、出行需求约束和路段流量约束，得到优化后的基于非线性互补性问题的多类用户下混合交通均衡模型。

1)最短路径辨识

假设 $X = \{X^1, X^2, \cdots, X^s, \cdots, X^{|s|}\}$ 为指向目的地 $S = \{1,2,\cdots,s,\cdots|S|\}$ 的流量矢量，例如 x_{ij}^s(或 x_a^s)是路段 $a=(i,j) \in A$ 上流向目的地 s 的流量，$X^s = \{x_a^s | a \in A\}$；$T = \{T^1, T^2, \cdots, T^s, \cdots, T^{|S|}\}$ 是从节点 i 到目的地 s 的最小行驶时间 t_{ij}^s组成的行驶时间矢量，路段(i,j)上的行驶时间 t_{ij}作为矢量流的函数，记为 $t_{ij}(x)$；由于路段容量约束不能作为边约束添加到方程组中，可以放宽容量限制，将相应的拉格朗日值添加到最短路径辨识表达式中，用互补性格式表示最小路径的搜索如式(3.4-12)所示：

$$0 \leqslant x_{ij}^s \perp \{t_j^s + t_{ij}(x) + \lambda_{ij} - t_i^s\} \geqslant 0 \qquad \forall a \in A, s \in S \tag{3.4-12}$$

其中，t_j^s 为从节点 j 到目的地 s 的行驶时间。如果 $t_j^s + t_{ij}(x) - t_i^s = 0$，则路段 $a=(i,j) \in A$ 在从 i 到 s 的最短路径上，此时 $x_{ij}^s \geqslant 0$；否则，$t_j^s + t_{ij}(x) - t_i^s \geqslant 0$，路段 $a=(i,j) \in A$ 不在从 i 到 s 的最短路径上，此时 $x_{ij}^s = 0$。

2)出行需求约束

出行需求约束转换成 NCP 格式，直观的方法是考虑行驶时间，如式(3.4-13)所示：

$$0 \leqslant t_i^s \perp \{\sum_{j|(i,j) \in A} x_{ij}^s - \sum_{j|(j,i) \in A} x_{ji}^s - q_i^s\} \geqslant 0 \qquad \forall i \in N, s \in S, v \in V \tag{3.4-13}$$

其中，t_i^s 是节点 i 到目的地 s 的行驶时间；如果行驶时间非零，则路径流量与出行需求守恒。

3)路段流量约束

方程系统还必须具有从路径流量得出路段流量的约束条件，如式(3.4-14)所示。如果路径流量非负，则路径流量与路段流量守恒。

$$0 \leqslant x_{ij} \perp \left\{x_{ij} - \sum_{s \in S} x_{ij}^s\right\} \geqslant 0 \qquad \forall a = (i,j) \in A \tag{3.4-14}$$

3.5 本章小结

本章首先从定义出发，阐述了有关电动汽车用户里程焦虑的问题及产生条件，列举了电动汽车用户在驾驶过程中对于车辆剩余电量的心理状态变化，引出有关安全缓冲值的定义。通过收集调查问卷，分年龄和性别将不同人群在驾驶过程中产生的里程焦虑问题进行总结、对比，提出过早和过晚的导航信息介入都将影响驾驶人的驾驶心理，从而对于今后在电子信息导航系统的研究层面提供一定的参考作用。

此后，又从驾驶人的微观驾驶模型入手，通过对经典跟驰模型、混合交通流跟驰模型以及换道模型的分析得出，对于社会交通流分配层面，将电动汽车驾驶人的驾驶行为融入混合交通流分配中，得到在混合交通流以及电动汽车充电要求下，最大化的社会效益及能源分配。里程焦虑在电动汽车行业发展过程中是不可避免的问题，蓄电池生产厂商和计算机研发岗位都要对此引起注意。

通过本章对于电动汽车驾驶人里程焦虑问题的研究，从驾驶人角度以及社会效益方面都提供了较为突出的研究成果。

本章参考文献

[1] FETENE G M, KAPLAN S, MABIT S L, et al. Harnessing big data for estimating the energy consumption and driving range of electric vehicles[J]. Transportation Research Part D, 2017, 54: 1-11.

[2] 彭新潮. 电动汽车行驶里程能效及异质性分析[D]. 大连:大连理工大学,2020.

[3] DREYFUSS M, GIAT Y. Optimizing Spare Battery Allocation in an Electric Vehicle Battery Swapping System[C]//Proceedings of the 6th International Conference on Operations Research and Enterprise Systems. 2017: 38-46.

[4] DIAN H W, SHENG JIN. 车辆跟驰行为建模的回顾与展望[J]. 中国公路学报,2012,25(1): 115-127.

[5] 胡之英. 考虑前车加速度信息的跟驰模型及数值模拟[J]. 计算机工程与应用,2015,51(11):47-49,66.

[6] 杨晓明. 基于改进最优速度的车辆跟驰模型及数值模拟[J]. 计算机应用与软件,2015,32(06):117-119.

[7] REUSCHEL A. Vehicle Movements in the Column Uniformly Accelerated or Delayed[J]. Oesterrich IngrArch,1950(4) : 193-215.

[8] 张蓉蓉,郑永安,史忠科. 基于实测数据的交叉路口广义力模型改进[J]. 系统工程学报,2016,31(01):111-116.

[9] 许世燕,贺昱曜,李渊. 基于最大车速的广义力跟驰模型[J]. 长安大学学报(自然科学版),2007(01):72-75.

[10] 王建都,张俊乐. 前后车辆最优速度差跟驰模型与数值仿真[J]. 计算机工程与应用,2016,52(01):250-253.

[11] 王涛,张晶. 多速度差模型的交通流特性分析[J]. 系统工程理论与实践,2008(10): 150-155.

[12] LI Y F, ZHANG L, PEETA S, et al. A car—following model considering the effect of electronic throttle opening angle under connected environment [J]. Nonlinear Dynamics, 2016, 85(4):1-11.

[13] 秦严严,王昊,王炜,等. 混有 CACC 车辆和 ACC 车辆的异质交通流基本图模型[J]. 中国公路学报,2017,30(10): 127-136.

[14] WARDOP J G. Some Theoretical Aspects of Road Traffic Research[J]. Proceedings of the Institute of Civil Engineers, 1952, 1(2): 325-378.

第4章 电动汽车充电行为

随着国家对新能源汽车惠民政策的大力推行，电动汽车将会在不久的将来成为主要的交通出行方式之一，它在数量上的不断增长定会推动充电基础设施的建设，但目前国内建成的电动汽车公共充电站数量还不能充分满足电动汽车用户在路网行驶过程中的充电需求。电动汽车的充电行为与充电设施的建设密切相关，也与电动汽车用户的充电行为选择息息相关。电动汽车用户在出行过程中会存在焦虑心理，车辆在充电过程中的蓄电池充电速度是变化的，所以，在长距离出行时，受到蓄电池容量限制，车辆在出行过程中至少需要进行一次或多次充电，非常有必要对电动汽车及其用户的充电策略进行合理的规划。

本章主要针对电动汽车充电基础设施介绍及充电策略进行详细介绍。

4.1 充电设施基本概述

由于电动汽车续驶能力和技术的特殊性，充电基础配套设施成为电动汽车行业良性发展的重要保障设施。随着电动汽车数量的增加，导致市场的充电需求也逐渐提高。近年来，为满足用户的充电需求，我国政府出台了许多相关政策措施以加快电动汽车发展步伐。尽管随着政策推动，充电桩数量呈现增长态势。然而由于充电设施建设运营模式、城市土地资源、资金等方面的原因，导致充电设施建设进程缓慢，距离预期的电动汽车与充电桩数量比例1:1的发展目标仍有一定差距。本节主要针对充电设施概念、充电模式及其分类展开具体介绍。

4.1.1 充电设施的概念

4.1.1.1 充电设施

充电设施是指为电动汽车提供电能补给的各类充电设施，是新型的城市基础设施。充电设备包括充电桩和充换电站。其中充电桩数量最多、安装密度最大，最贴近电动汽车用户需求；充换电站提供不同功率的交直流充电桩，能为不同类型的汽车服务，同时拥有换电功能的电站提供蓄电池组更换服务。

目前我国正处于充电基础设施建设的高峰期，政府和企业关注于充电站专业服务是直充还是换电的选择中，国内充电站的综合服务尚未开发。国内现有的两个最大、最成熟的电动汽车充电站就是北京奥运充电站和上海世博充电站，这两个充电站目前都是为城市电动公交车提供蓄电池快速更换服务，两个充电站目前都不属于正式商业运营，只是政府组织下的试点运行。截至2022年底，全国累计建成充电桩521万个、换电站1973座，其中2022年新增充电桩259.3万个、换电站675座，充换电基础设施建设速度明显加快。

4.1.1.2　充电设施的特点及现状

(1)充电设施的发展具有多层次、宽领域、蓬勃发展的特点。在国家政策大力推广电动汽车的环境下，北京、上海、广州、深圳、杭州、合肥、济南等城市，经过发展变化，已初步成为规模化、成熟化的城市充电网络。随着城市充电网络的发展，充电基础设施网络日趋成熟。

(2)充电设施技术水平正不断提高。目前市场上已有交直流充电桩、V2G、蓄电池快速更换设备等，已投入运行的交直流充电桩功率一般在60～120kW之间，具备蓄电池快速充电的能力，大大减少了充电时间。充电设施的实时监测、计算、统计、检测和报警技术日趋成熟。此外，充电基础设施与互联网+、智能电网、云(e)快充等跨领域新技术的交叉结合也在试点运行中。

(3)充电设施建设行业规范逐步完善。目前，国家对充电系统及设备、蓄电池组、充电设施、充放电接口等制定了约60项技术规范，基本建立了电动汽车充电行业标准体系，增加了我国在电动汽车行业发展的主动性和关系性。

(4)国家扶持和补贴政策相继出台，为推动电动汽车产业的蓬勃发展提供了不竭动力。近年来，各级政府和相关部门落实相关决策部署，制定出台了一系列促进电动汽车推广和充电基础设施产业发展的多方位配套政策，包括购车补贴、充电服务指导价格和充电基础设施建设财政补贴等。

4.1.1.3　充电设施面临的问题与挑战

(1)收费基础设施建设难度大。近年来，虽然电动汽车的质量和规模都有了明显提升，但与传统燃油汽车相比，占比仍然较低。关键原因是用户对电动汽车的续驶里程和充电便利性存在顾虑。扭转用户的消费观念、打消用户的顾虑是政府和企业要解决这一难题的关键，然而充电设施建设涉及领域颇多，难以统一协调。

(2)充电设施与电网运行的关系。目前，我国电动汽车及相关产业已进入高速推广发展环节，充电基础设施的数量和质量均有较大提升。电动汽车大量充电带来的集聚效应，给配电网增加了更大的负荷压力。不同的充电方式，如快充和慢充，对电网的强度和时间不同。需要分析处理不同环节、不同类型的充电设施与电网运行的关系，并妥善解决。

(3)电动汽车的推广与充电基础设施不协调。电动汽车产业的发展普遍侧重于汽车的推广，而忽略了充电设施的完善，影响了车桩比的不平衡。由于充电设施建设运营模式、城市土地资源、资金等方面的原因，导致充电设施建设进程缓慢。此外，由于充换电站布局不合理、充电桩通用性差、用户对电动汽车认可度低，部分地区还存在有桩无车的现象。

(4)收费基础设施标准化建设尚不完善。国家颁布的相关技术规范并没有得到企业足够的重视，部分领域的技术规范存在漏洞和缺陷，影响不同品牌的电动汽车很难兼容不同厂家生产的充电设备。通信协议和结算方式不统一，支付、电费查询、空剩余充电桩位置和数量查询等服务不能完全满足用户需求，增加了用户对电动汽车的担忧。因此，收费基础设施的技术标准化需要成熟和完善。

(5)配套政策不完善,落实不到位。虽然各级政府和相关部门出台了包括财税政策在内的一系列配套和管理政策,但仍存在政策不完善或落实不到位的问题。政策支持和推动不足,充电基础设施发展要求与电动汽车政策不平衡不匹配等。由于前期投入高、盈利慢,难以吸引社会资本参与建设。存在价格机制不完善,与小区、单位、社会停车场配套安装、新增充电设备动力不足等诸多障碍。

4.1.2 充电设施的充电模式

由于不同地区与国家的电网系统发展程度不同,所以在电动汽车充电过程中发展起来的充电模式也不相同,主要分为传统的传导充电模式,包括慢速交流充电模式、快速交流充电模式、快速直流充电模式;以及近些年较为新型的感应充电模式包括静态感应充电模式、动态感应充电模式;还有就是更为直接的通过换电池来给电动汽车提升续驶里程的更换蓄电池充电模式[1]。

4.1.2.1 慢速交流充电模式

慢速交流充电模式一如图4.1-1所示。这种充电模式充电的电流只有16A,支持单相或者三相电压,充电完成时间一般为6~8h,一般适用于个人家庭中。该充电模式不需要专门的供电设备和控制插脚,靠接地系统来实现差动保护,所以在没有接地系统的家用电设备的国家和地区就无法使用这种充电模式给电动汽车充电。

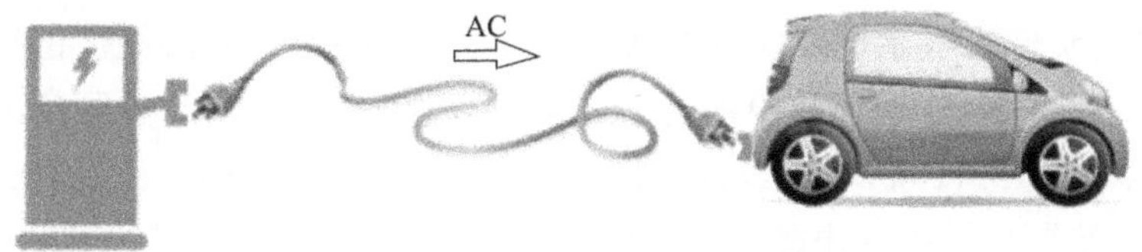

图4.1-1 慢速交流充电模式一

慢速交流充电模式二如图4.1-2所示。这种充电模式同样适用于个人家庭用户,与模式一的区别在于在线缆上增加了控制设备。由于控制设备的功能就是提供控制引导,因此,实现电动汽车与控制设备的通信需要通过一条特殊的引导线来实现,也就是脉冲宽度调制(Pulse Width Modulation,PWM)通信。电动汽车可以实时地将蓄电池负荷情况通过频率调制信号反馈到充电系统中,然后通过电压大小来改变脉冲宽度,从而达到改变电流大小的目的[2]。这种充电模式的充电完成时间也是6~8h,但充电时的最大电流可以达到32A,充电电压单相AC 250V,三相AC 380/450V。

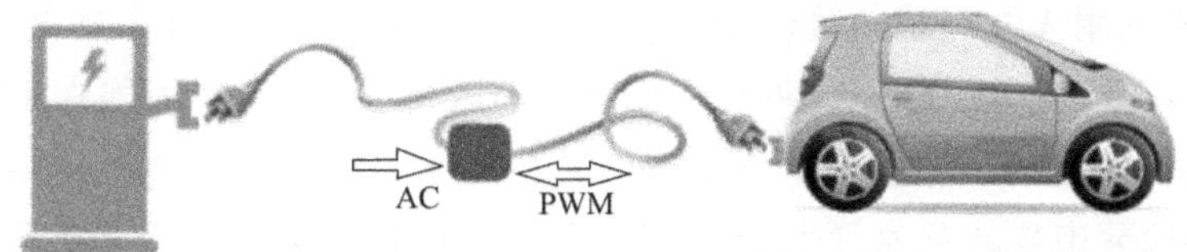

图4.1-2 慢速交流充电模式二

4.1.2.2 快速交流充电模式

快速交流充电模式是目前生活中家庭或者公共场所使用最多的一种充电模式,如图4.1-3所示。快速交流充电模式利用充电电缆将供电设备与电动汽车连接,具有PWM通信功能和通过控制引导实现保护功能。控制引导功能能够识别连接方式正确与否、接地是否具有连续性以及车辆蓄电池的载流容量多少。根据蓄电池容量的多少，自行调节控制引导与接地间的电阻大小，可以实现对不同容量蓄电池的电动汽车进行充电，即通过交流模式来对电动汽车进行充电既可以快充也可以慢充。快速交流充电时，充电电流可以达到63A，充电完成时长一般短于1h。

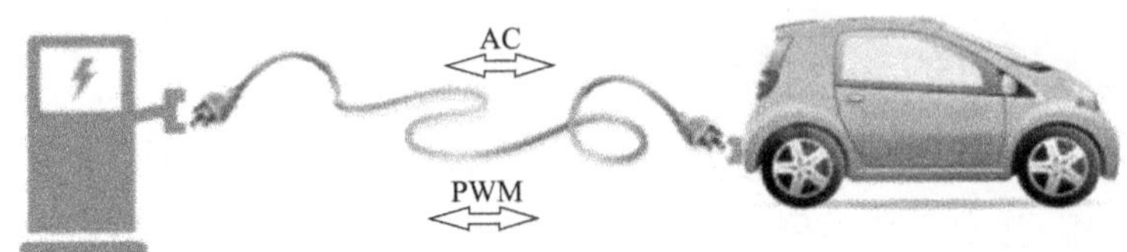

图4.1-3　快速交流充电模式

4.1.2.3　快速直流充电模式

快速直流充电模式如图4.1-4所示，该模式通过非车载充电机采用大电流直接给蓄电池进行充电，使得蓄电池在短时间内可充至80%左右的电量，所以快速直流充电模式也可以称为应急充电模式。快速充电模式的电流一般在150～400A之间，电压一般在200～750A之间，充电功能可以大于50kW。目前全球范围内使用最广泛的直流充电模式当属日本的CHAdeMO模式，这种直流快充模式可以提供60kW的充电功率。该种模式电流受控于汽车的CAN总线信号，即在监视蓄电池状态的同时，实时计算充电所需的电流值，通过通信线向充电器发出通知；快速充电系统及时接收来自汽车的电流命令，并按规定值提供电流。另外一种直流充电模式是Tesla公司推出的超级充电模式，目前广泛用于美国和欧洲。这种模式的最大输出功率能达到120kW，若给特斯拉电动汽车Model S进行充电，20min内就能充入50%的电量[3]。特斯拉超级充电模式与CHAdeMO模式一样，当电量达到80%后，为了将电芯电量充满会降低充电电流，完成剩余20%电量的充电时间与完成前80%的充电时间基本相同。

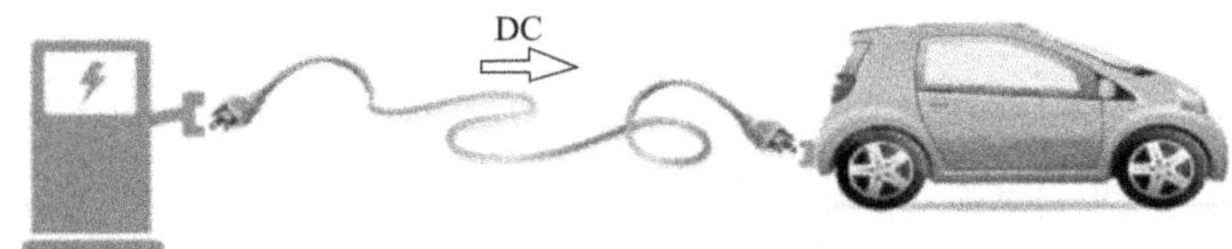

图4.1-4　快速直流充电模式

4.1.2.4　静态感应充电模式

感应充电是利用无线能量传输（Wireless Power Transfer，WPT）技术从电网获得能量然后给电动汽车蓄电池组充电。由于该种充电模式没有外部接入端口，无须人工操作，不占据地上空间，能够实现静止状态和进行状态也就是动态情况下的蓄电池充电，相对于传统有线传导充电模式，感应充电模式具有充电安全、充电智能、充电方案配置灵活等诸多优点。

利用静态感应充电模式来对电动汽车进行充电，首先需要在车上安装感应充电机，车辆的受电部分与供电部分没有机械连接部分，但需要受电体与供电体较为准确地对接。要完成充电，车主需要将车辆停靠到特定设置的区域。静态充电模式可以慢速充电也可以快速充电，慢充模式充电功率一般可以达到3kW，而快充充电功率最大能够达到50kW。

4.1.2.5　动态感应充电模式

动态感应充电模式是指车辆不需要停在固定的位置进行充电，车辆可以实现一边移动一边充电，也就是持续为电动汽车蓄电池组充电，这样也就较大程度上提高了电动汽车的续驶里程。国外已实现了两种情况下的充电，一种是当汽车在等交通信号灯时或短暂停止时，实现给汽车充电；另一种就是电动汽车行驶在高速公路上时，通过道路两旁的供电设备接受电磁波能量，实现不间断充电[4]。

虽然感应充电模式相对于传统的传导充电模式优势十分突出，但亟待解决的问题也十分明显，主要体现在以下几个方面：

(1)低能量效率。由于磁场的存在，所以不可避免地会在充电过程中引起能量的损失，动态感应充电模式的能量转换效率低。

(2)成本高。由于现代技术还不够成熟，充电设备等充电成本还较高。

(3)设计复杂性。目前感应充电模式采用最广泛的还是感应耦合式的近场电能传输技术[6]，研究重点还是在于如何优化发射圈与接受圈之间的最大耦合效率与线圈间的对准公差。

(4)电磁场暴露问题。由于电动汽车无线充电系统在高频下工作，电能与场能会不断进行转化，在周边区域激发高频交变电磁场，是否会对周围生物有一定的影响对于推广该充电模式至关重要的。

在全球范围内针对电动汽车无线充电系统，各大汽车生产企业也都开展了技术的研发和产品推广，也相继提出了电动汽车无线充电产品。其中，美国 Evatran 公司是电动汽车无线感应充电技术领域的优先领导者，高通 Halo 汽车无线充电技术产品如图 4.1-5 所示，在充电时用户只需要将车停放在 Halo 的充电板上即可。

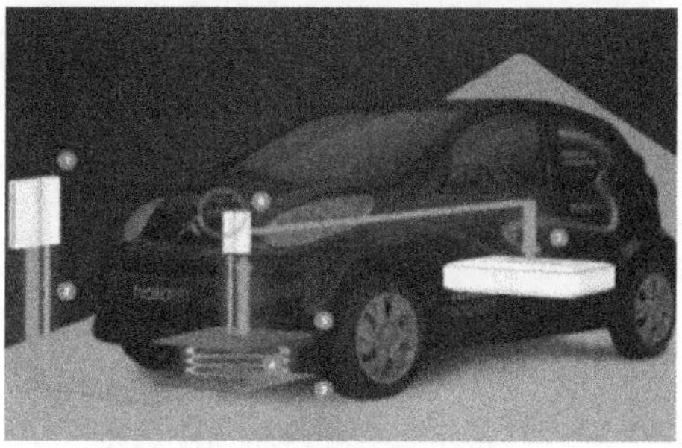

图 4.1-5　感应充电电动汽车

4.1.2.6　更换电池充电模式

除了常规的为电动汽车进行传导充电外，还可以通过直接为电动汽车更换蓄电池的方式来给蓄电池充电，即在电动汽车蓄电池动力即将耗尽时用充满电的蓄电池组更换电量过低的蓄电池组。将蓄电池组从需要更换的车辆上更换下来的方式主要有三种：主要为手动形式、半自动形式和机械人更换形式。通过直接更换蓄电池来给电动汽车充电的模式具备了传统常规充电模式和快速充电模式的优点，可以用低谷电给蓄电池组进行深度充电，同时可以在很短时间内为车辆完成充电过程，一般 3 ~ 10min 即可完成换蓄电池过程。如果通过机械设备进行协助将更快，整个更换蓄电池的过程所花费的时间与现在燃油汽车加一次油所花费的时间基本一致。

4.1.3　充电设施分类

随着电动汽车的数量不断增长，充电站作为电动汽车出行过程中进行中途充电的基础配套设施，其规模也要随之增长。截至 2022 年 9 月，国内共统计各类公共充电桩共

163.6 万台[7]。顺应电动汽车数量的增加，电动汽车配套的充电设施也快速发展，形成了多量多样的充电桩和充换电站。

4.1.3.1 充电桩

充电桩是为电动汽车提供充电服务的充电设施，其功能类似于加油站中的加油机，可以根据不同的电压等级为各种型号的电动汽车充电，固定于地面或墙面，安装于公共建筑和居民小区停车场或者充电站内，如公共楼宇、商场、公共停车场等。

(1)按照安装条件，充电桩可以分为立柱式充电桩(图 4.1-6)和壁挂式充电桩(图 4.1-7)。立柱式充电桩其固定于地面，对于安装位置没有局限性，多用于室外，可以露天安装，也可以安装在车棚内，更好地保护充电设备。壁挂式充电桩固定于墙面，多安装在地下停车场，有占用空间小、价格便宜的优点。

图 4.1-6 立柱式充电桩图

图 4.1-7 壁挂式充电桩图

(2)按照服务对象，充电桩可以分为公共充电桩、专用充电桩和私人随车配建的充电桩。公共充电桩由政府机关等具有公共服务性质的机构置办，其服务对象面向各种电动汽车车主，主要分散在城市公共充电站、高速公路服务区和公共停车场等。专用充电桩主要为具有特定充电需求或出行特性的电动汽车提供充电服务，如电动公交车、电动出租汽车、电动环卫车等，主要分布在专用充电站或者专用停车场，不对外开放。私人充电桩主要分布在居民校区停车位或集中式停车场，安装于私人领域，不对外开放。

(3)按照安装地点，充电桩可以分为室内充电桩和室外充电桩。室内充电桩的防护等级需要达到 IP32 以上。室外充电桩时常面临风雨交加的恶劣环境，需要更高的防护等级，其防护等级达到 IP54 才可以更好地保障充电设备安全(IP 是国际用来认定防护等级的代号，IP 等级由两个数字所组成，第一个数字代表防尘，第二个数字代表防水，数值越大，防护等级越好)。

(4)按照充电接口，充电桩可以分为单桩单充式充电桩(图 4.1-8)和单桩多充式充电桩(图 4.1-9)。目前市场上的充电桩以单桩单充式为主，单桩多充式充电桩支持多台电动车充电，多位于大型停车场中，如公交停车场。

(5)按照充电类型，充电桩可以分为交流充电桩、直流充电桩和交直流一体充电桩。交流电动汽车充电桩就是俗称的慢充，其固定安装于电动汽车外，与交流电网连接，为电动汽车车载充电机提供交流电源的供电装置，只提供电力输出，无充电功能，具有占地面积小、布设灵活的优点。直流电动汽车充电桩，俗称快充，其固定安装在电动汽车外，与交流电网连接,为电动汽车动力蓄电池提供小功率直流电源的供电装置,具有充电机功能,能实时监视并控制被充电电池状态,但直流充电桩安装较为麻烦,安装地需具备满足快充的大负荷变压器。交直流一体充电桩可提供常规充电和快速充电两种充电方式,白天充电业务多时,使用直流充电方式快速充电;夜晚充电业务少时,采用交流充电方式慢充。交直流一体充电桩既可实现交、直流同时充电,又可实现互锁充电,采用模块化设计,方便维护。

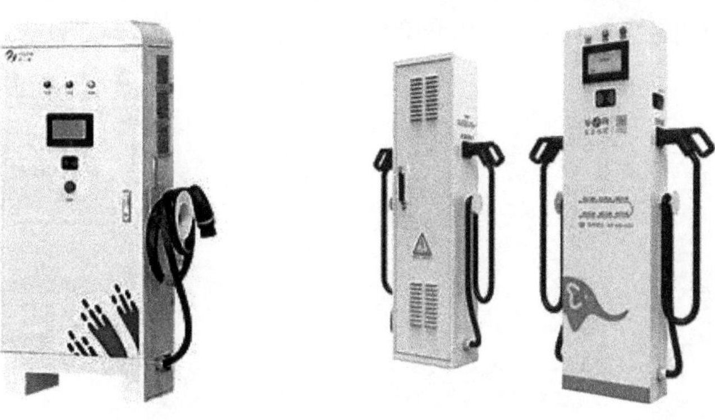

图4.1-8 单桩单充式充电桩图　　图4.1-9 单桩多充式充电桩图

4.1.3.2 充电站

充电站是为电动汽车车载动力蓄电池提供安全充电的场所,在充电过程中监控充电设备及被充电的动力蓄电池,以保证电能安全传输给动力蓄电池。充电站的基本功能包括充电、监控和计量等。充电站内应包括行车道、停车位、充电设备、监控室、供电设施及休息室、卫生间等必要的辅助服务设施,主要配套服务于电动公交车、电动乘用车等大中型公用车型。

(1)按照配电容量或日可提供充电服务车辆台数,充电站可以分为四级[8]:

①一级充电站。单路配电容量不小于5000kV·A的充电站,一般日可提供200台次以上大中型商用车的充电服务,或可提供500台次以上乘用车的充电服务。

②二级充电站。单路配电容量不小于3000kV·A且小于5000kV·A的充电站,一般日可提供100~200台次大中型商用车的充电服务,或可提供200~500台次乘用车的充电服务。

③三级充电站。单路配电容量不小于1000kV·A且小于3000kV·A的充电站,一般日可提供40~100台次大中型商用车的充电服务,或可提供100~300台次乘用车的充电服务。

④四级充电站。单路配电容量小于1000kV·A的充电站,一般日可提供40台次一下大中型商用车的充电服务,或可提供100台次以下乘用车的充电服务。

(2)按照建设和结构形式,充电站可以分为三类:

①一体式充换电站(图4.1-10)。其以采用蓄电池更换设备提供电车更换服务为主,也可提供少量整车应急充电服务,具有电动汽车电能补给速度快、服务能力强、自动化和专业化程度高等优点。

②子母式蓄电池更换站。子母式蓄电池更换站是指动力蓄电池在母站集中充电,蓄电池的更换在母站和各个子站进行,并通过配送体系将母站满电的蓄电池配送到各个子站,将更换下的蓄电池运送会母站进行集中充电,子母站也可提供少量应急充电服务的充电站。

③停车式整车充电站。其为车辆提供整车常规充电和应急快速充电,本质上是配有一定数量充电桩的停车场。

随着我国储能行业发展渐入佳境,光储充一体化智能电站被提出。2020 年 11 月 2 日,国务院办公厅印发《电动汽车产业发展规划(2021—2035 年)》,其中明确提出鼓励“光储充放”多功能综合一体站的建设。光储充一体化充电站(图 4.1-11)具有使用可再生能源,清洁环保,有助于减少碳排放,减少对电网的冲击等优势,也面临着初期建设成本高、安全性等挑战[9]。

图 4.1-10　一体式充换电站图

图 4.1-11　光储充一体化智能电站图

4.2　电动汽车充电策略

用户的充电焦虑心理是影响电动汽车推广的一大因素。新能源汽车目前以电动汽车类型为主,电动汽车将以 1 : 1 的比例大规模接入电网的无序性充电行为将会对电网网架规划带来一系列不可预知的威胁,如电网高峰负荷增加、电压偏移及波动加大、供电效率及经济性下降、影响配网安全稳定等。本节通过介绍基于随机函数、电价引导及里程焦虑三类充电策略,为电动汽车充电策略的研究提供参考。

4.2.1　基于随机函数的充电策略

4.2.1.1　无序充电概述

无序充电即随时、随地与随机的充电,容易导致大量电动汽车在电网负荷高峰时段集中充电,给电网系统带来挑战。未来随着新能源汽车的大量增多,电网负荷压力增大,电动汽车的充电方式将不再以无序充电为主。据国网能源研究院预测,电动汽车无序充电将导致 2030 年和 2035 年电网峰值负荷可能增加 12% ~13.1%,私家电动汽车无序充电会显著增加配电变压器负荷峰值,当车辆电动化比例达到 50% 时,多数住宅小区配电系统都面临超载风险。不过,电动汽车作为移动式储能装置,在削峰填谷、提供电力系统辅助服务、协同消纳新能源等方面具有广阔的应用前景。同时,电动汽车的无序充电可能会导致电网的峰谷差加剧、电压下降等不利影响。

4.2.1.2　基于随机函数的充电策略

由于电动汽车在一天时间内任何时刻都有可能接入电网,为了准确地得到电动汽车的初始荷电状态和接入电网时间，考虑将一天时间平均分成96个时段，每个时段均为15min，所有时段组成了一个集合，在每个时段的开始时刻更新电动汽车的接入信息，其中主要包括电动汽车数量、每辆电动汽车的初始荷电状态、用户电动汽车荷电状态期望值以及电池容量等信息[10]。具体如图4.2-1所示。

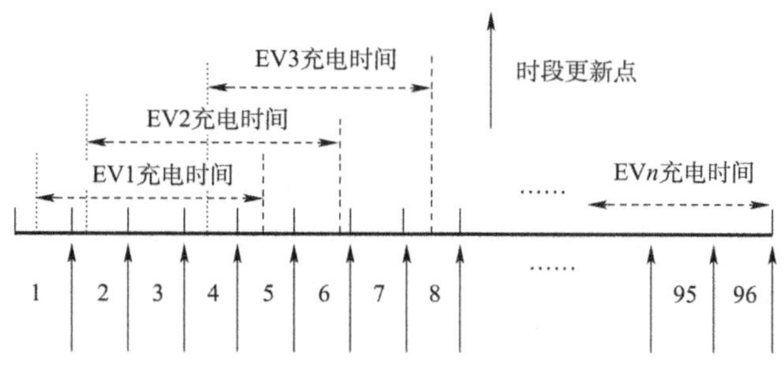

图4.2-1　时段更新示意图

电动汽车用户选择是否充电与电动汽车的初始荷电状态有关，当电动汽车蓄电池的初始荷电状态不满足出行需求或者由出行剩余里程引起心理焦虑时，用户会选择充电，反之则不充电。假设每位电动汽车用户都有一个初始荷电状态以及充电结束的荷电状态期望值，初始荷电状态就是用户的荷电状态期望值与用户下一次出行所需电能的差值，即：

$$S_{0i} = S_{ei} - \frac{d_i E}{100Q} \tag{4.2-1}$$

式中：S_{0i}——第i辆电动汽车初始荷电状态；

S_{ei}——第i辆电动汽车用户荷电状态期望值；

d_i——第i辆电动汽车用户行驶里程；

E——行驶100km所耗损的电能；

Q——蓄电池容量。

用户的期望充电量ΔQ_i可表示$S_{ei}-S_{0i}$与蓄电池容量Q的乘积，即：

$$\Delta Q_i = (S_{ei} - S_{0i})Q \tag{4.2-2}$$

在电动汽车电量较低时，电动汽车充电速度快，运营商能够在较短时间内获得最大利益；随着充电时间的推移，电动汽车蓄电池达到一定负荷时，充电速度变慢，充电设备运营商单位时间内获得的利润相对较少，因此，充电设备运营商从追求最大效益的角度，对电动汽车充电量设定一个阈值Q_r。假设用户充电达到期望值，若用户期望充电量不超过该阈值，且电动汽车用户达到期望充电量后立即停止充电，只需要支付预约时间内充电所损耗电能的费用。但是，若用户期望充电量超过该阈值，电动汽车用户达到阈值后，却因未达到期望充电量后而选择继续充电，则不仅需要支付充电费用，还需要支付对超过阈值充电量产生的超时充电惩罚费用，超过阈值充电量的充电时间越长，则惩罚系数越大，所需要支付的惩罚费用就越多。以c_i表示第i辆电动汽车从充电开始到充电结束时所需要的支付的总费用，c_{it}表示第i辆电动汽车开始充电情况下阈值充电量所需的充电费用，c_{it}'表示超过阈值充电量的额外费用（超时电费和惩罚费用），则有：

$$c_i = c_{it} + c_{it}' \tag{4.2-3}$$

由于用户在达到阈值时间内只需要支付期望充电量的费用，令 P_4 表示充电电价，因此，得到此费用为：

$$c_{it}=P_4\Delta Q_i=P_4(S_{ei}-S_{0i})Q \tag{4.2-4}$$

当用户在电动汽车达到荷电状态阈值时选择继续充电，则会产生超时充电惩罚费用。以 $\xi(t')$ 表示惩罚系数，P_c 表示充电功率，t' 表示超过阈值充电量的充电时长，则超时费用为：

$$c_{it}'=P_4(1+\xi(t'))P_c t' \tag{4.2-5}$$

惩罚系数主要与超过阈值充电量的充电时长有关，当该时间为 0 时，表示用户充电未超时，此时惩罚系数也为 0；随着此时间不断变长，惩罚系数也会随之不断增大，因此，不妨定义惩罚系数与超时长成正比，即：

$$\xi(t')=kt' \tag{4.2-6}$$

式中：k——比例系数。

综上所述，第 i 位电动汽车用户选择充电产生的费用为：

$$c_i=\begin{cases}P_4\Delta Q_i=P_4(S_{ei}-S_{0i})Q & \Delta Q_i<Q_r\\ P_4\left(\dfrac{Q}{Q}-S_{0i}\right)Q+P_4[1-(kt'+\varepsilon)]P_c t' & \Delta Q_i>Q_r\end{cases} \tag{4.2-7}$$

式中：Q_r——运营商对电动汽车设定的阈值充电量。

为了得到无序集中充电下一天内所有用户充电的总费用 F_0，将一天内各电动汽车用户的充电费用累加起来，则有：

$$F_0=\sum_{i=1}^{n}c_i \tag{4.2-8}$$

以 W_j 表示第 j 时段电网实际负荷，W_{bj} 表示第 j 时段电网基础负荷，W_{ij} 表示第 j 时段第 i 辆电动汽车充电时对电网增加的负荷。电网实际负荷等于电网基础负荷与电动汽车充电负荷之和，即：

$$W_j=W_{bj}+\sum_{i=1}^{n_j}W_{ij} \tag{4.2-9}$$

电网负荷曲线的峰谷差率作为分析电网负荷特性的一个重要指标，能够有效地评定电网系统的稳定性。以 ξ 表示电网负荷曲线的峰谷差率，它的大小在 0 ~ 1 之间。峰谷差率通常指电力系统一定时期内最大负荷与最小负荷之差与最大负荷的比值，以 W_{max} 表示电网负荷曲线的最大负荷，W_{min} 表示电网负荷曲线的最小负荷，相应计算公式如下：

$$\xi=\frac{W_{max}-W_{min}}{W_{max}}\times 100\% \tag{4.2-10}$$

4.2.1.3 基于随机函数的充电策略的发展

我国正从新能源汽车市场需求不足过渡到供不应求；从政府驱动开始，经过市场与政府双驱动阶段，转型到市场驱动为主导的阶段；从培育期、成长期到现在已经进入高速增长期；从示范到商业化，现在进入规模产业化。

可见，新能源汽车对传统燃油汽车的替代速度开始加快，由此带来的是用电量的激增，以及对电网的考验。目前家用电动汽车充电量的 75% 通过慢充获得，随着电动汽车数量快速增加，慢充会给电力负荷带来很大压力。目前电动汽车的占比逐渐增加，通勤车流里新能源汽车的占比也越来越大，如果都下班回家充电，电力系统将严重承压，目前国家多个地区已经出现这个问题。

显然，电动汽车巨大的用电量，会大幅增加电网的负荷。因而，基于随机函数的无序充电策略不可取。那么，该如何合理有效地解决这一问题？答案是汽车和电网一体化发展。电网是连接电源和电力负荷的纽带，电网、充电设备和车辆是上下游一体化的。要推动这个一体化发展，应由原来的无序充电 V0G，即单向的功率不可调，发展到有序充电 V1G，即单向的功率可调，进一步发展为车网互动的 V2G，即实现能量双向互动，最终发展到车网一体的 VGI，逐步做到电动车辆和电网友好协调、深层次互动、一体化集成。

《新能源汽车产业发展规划（2021—2035）》提出要推动新能源汽车从单纯的交通工具向移动智能终端、储能单元和数字空间转变，带动能源、交通、信息通信基础设施改造升级。同时，特别明确要加强新能源汽车与电网的能量互动。从区域项目的示范到规模化应用推广有一个发展过程，而如今这个过程需要不断加快，因为新能源汽车市场的爆发式增长还将持续，需求侧和供给侧的矛盾必须尽快解决。在关注新能源汽车产销量快速增长的同时，也应该时刻注重充电方式的转变。

4.2.2 基于电价引导的充电策略

4.2.2.1 有序充电概述

有序充电是指在满足电动汽车充电需求的前提下，运用实际有效的经济或者技术措施引导、控制电动汽车进行充电，要确保同时充电的电动汽车数量不能超过系统的最大服务能力，并对电网负荷曲线进行削峰填谷，使系统负荷曲线方差减小，并减少发动机容量建设，保证电动汽车与电网系统的协调互动发展。

但随着电动汽车规模化发展，大量电动汽车接入电网时，电动汽车对电网的影响是不容忽视的。对电网带来的不利影响有：

（1）负荷的增长。电动汽车接入电网充电增加了电力系统负荷，若在负荷曲线高峰期接入大量电动汽车充电，则会进一步拉大电网负荷曲线峰谷差，可能导致配电网线路过载、电压跌落、配电网损耗增加、配电变压器过载等一系列问题，甚至会超出局部配电网的承受能力，给电网安全运行带来负担。电网需要新增装机容量、改造相应输配电设备，使得电网运行效率降低。

（2）电网运行优化控制难度的增加。由于电动汽车用户选取充电时间和空间的不确定性，则产生具有随机性的电动汽车充电负荷，对电网的优化控制提出了更高的要求。

（3）电动汽车充电负荷作为一种恒功率负荷，可能恶化电网频率电压特性，增加电网调频、调压的难度。

（4）电动汽车充电过程主要完成交直流功率变换，充电负荷属于非线性负荷，所使用的电力电子设备将产生大量谐波，降低电网和用户的电能质量，减少电气设备使用寿命。

（5）大规模接入的电动汽车充电负荷及大量建设的充电设施将改变配网拓扑结构（增加网络节点、线路改造等）以及负荷布局，对配电系统规划及运行方式提出了新的要求与挑战。

从电网角度讲，在满足电动汽车充电需求的前提下，运用实际有效的经济或技术措施引导、控制电动汽车进行充电，对电网负荷曲线进行削峰填谷，使负荷曲线方差较小，减少了发电装机容量建设，保证了电动汽车与电网的协调互动发展，这也就是有序充电策略的意义所在。

4.2.2.2 基于电价引导的充电策略

对基于电价引导的充电策略也就是有序充电策略进行研究，主要是从目标函数以及约束条件来考虑[11]。

有序充电研究过程中需要考虑的目标函数如下：

(1)电网峰谷负荷最小化。

目标函数为日最大负荷减去日最小负荷。电动汽车无序充电，对电网所产生重要的负面影响便是“峰上加峰”现象，因此，可以电网峰谷差为目标函数。

(2)总负荷曲线方差最小。

目标函数为保持时段的负荷总数减去日平均负荷之后的平方最小化。

(3)用户充电费用最小。

与用户充电费用有关的因素有该时段的电价、充电的时长、车辆的充电功率、车辆的总数以及第几辆车是否充电等因素。

(4)充电曲线峰值最小。

部分地区存在汽车保有量大，电动汽车规模大，如果集中充电会使一天的某一时刻负荷突然急剧增大，导致该地区超负荷，因此，要保证在高峰期时充电负荷曲线峰值最小，以保证供电区域电网电力设备的安全稳定运行。

(5)电动汽车的充电完成时间最小。

电动汽车在停留时间内接入电网进而进行充电，若提前完成充电，既可提高用户需求度进而激励用户配合调度，同时也可提升充电的效率。因此，充电时间也可为一个目标。

(6)充电站的运营经济效益最大化。

影响充电站的运营经济有关的因素有；充电机的在哪一时间段是否进行开关机的控制方案。

有序充电研究过程中需要考虑的约束条件如下：

(1)电动汽车的充电量。

电动汽车充电后的电量应大于或等于起始电量。

(2)用户充电时间。

用户给电动汽车充电的启动时间应大于或等于用户最后驾车返回家的时间，且小于或等于用户汽车充电的完成时间；用户给电车充电的启动时间与充电时间的总和应小于或等于用户下一阶段首次出行的时间，即不耽误用户正常出行。

(3)充电过程的费用最小。

由于电动汽车有序充电是一个对使电网影响最小的优化调度策略，需要用户配合其调度达到双赢，因此，使车主在采用优化有序充电策略后支出费用比之前的无序充电费用小，才能大力度鼓励用户配合有序充电,因此,充电过程的支出费用也是需要考虑的因素之一。

(4)配电网负荷上限。

配电网的负荷最大上限也应是约束条件之一,即地区原基础负荷与电车充电产生的负荷应小于电力网所能承受的负荷最大值。

(5)地区基本负荷保持一定。

有序充电是一种调度手段,通过这种手段可以使电动汽车避免在高峰期给电网带来的峰上加峰现象,同时也避免大部分用户避开高峰期进行充电而出现的第二高峰期,但应保持原负荷不变,即在不影响用户生活及正常行动之外进行合理"减负"。

(6)线路热负荷约束。

电力系统中部件的最大热载荷,即流过该部件视在输出功率与其发电机额定运行输出功率之间的差值。通常考虑串联变压器线路的最大热负荷,即线路热负荷要小于或等于线路的最大热负荷。

(7)区域内充电桩数量约束。

考虑到辖区范围内的充电桩总量限制,如果单位范围内电动汽车充电总量过大,将会产生等待充电的时段过长现象,严重影响用户正常使用,因此,需要考虑充电桩数量。

在确定了目标函数与约束条件之后,选择适合的算法进行求取最优解对于解决一个问题十分关键,在对有序充电调度最优解进行求解的过程中常用的算法有遗传算法、差分进化算法、鲸鱼算法、萤火虫算法、TOPSIS 算法和双层优化算法。下面对其各算法优缺点进行比较。

遗传算法主要是依赖生物启发的算子,如变异、交叉和选择,来得到高质量信息优化和搜索问题的解决方案。其直接以目标函数为基础搜索信息,具有群体检索的特性,通过采用概率规则,检索方法更灵活,具有可扩展性,容易与其他技术混合使用;但它不能全面地把传统优化问题的约束描述出来,需要考虑对不可行解采用阈值,易于产生过早收敛,效率低于其他传统优化方法。

差分进化算法通过群体内个体之间的相互合作与竞争产生的群体智能来指导优化搜索的方向,优点是结构简单、容易实现、收敛快速、鲁棒性强,但随着进化代数增加会使种群多样性变小,导致过早收敛或致使算法停滞。

鲸鱼算法是模拟鲸鱼围捕猎物时随机选择驱赶和围捕两种行为而提出的算法。其过程简单、收敛速度快,但很容易陷入局部最优解。

萤火虫算法通过模拟萤火虫会通过亮度互相吸引,且吸引力与亮度成正比进而提出的算法,亮度与目标函数相联系。该算法概念简单、需要调整的参数少、易于应用和实现,但算法提前收敛或因参数设置不当而导致算法无法收敛。

TOPSIS 算法通过按照有限个评估对象和理想化目标之间的相似程予以排序的方式,充分利用了原始数据信息,结果能精确反映各评价方案之间的差距,但求解复杂不易求出正理想解和负理想解。

4.2.2.3 基于电价引导的充电策略的未来

未来一段时间内,交流充电仍是我国电动汽车的主要补能技术,有序充电占比将逐步提高。随着新能源汽车的爆发式增长,充电基础设施保有量发展态势将进一步提升,无序充电势必加重电网压力。据统计,目前家用电动汽车充电量 75% 是通过慢充获得,因此,交流慢充带给电网的考验尤为严重。有序充电能够帮助实现削峰填谷,减小电网负荷峰谷差,提高电力资源利用率,并有助于降低碳排放。目前,全国多地正在加快开展有序充电试点示范,以逐步提高有序充电桩比例。

不只是我国,电动汽车的有序充电项目在很多国家都有。世界资源研究所在报告中介绍,国际上,为了将有序充电从少数试点项目向规模化应用推广,主要采取的措施包括峰谷电价、政府补贴、政府采购要求与标准强制。比如,强制性标准方面,英国交通部正在研究,要求近期所有新增的非公共充电桩支持有序充电。为此,英国计划在其标准化机构(British Standards Institution)制定的标准中,强制所有充电桩设备在生产和出厂认证中安装并确认其具备智能控制设备(Energy Smart Appliance),以支持有序充电。未来,英国计划通过智能电表(Smart Meter)控制充电桩的充电负荷,并通过这一技术路径实现有序充电、V2G 及多种应用场景(如负荷侧削峰填谷、需求响应、隔墙售电等)。政府补贴与采购要求方面,美国加利福尼亚州能源局正在研究,在电动汽车峰谷电价基础上,对公共事业局和配电网运营商建设的公共充电桩予以更多的建设资金支持,或借助政府采购的方式提高其对有序充电的支持。值得一提的是,不同于中国以国家电网牵头的有序充电模式,德国、法国、丹麦等国家的有序充电发起方,也包括日产汽车、PSA 这样的车企。

同时,世界资源研究所还在报告中指出,在我国有序充电推广中遇到了一些阻碍,包括商业模式缺失、车-桩间充电标准不支持交流有序充电,这与有序充电的部分需求场景(如住宅小区)脱节。而解决这些问题需要主管部门与行业协会提供政策保障机制。商业模式方面,可以考虑针对单独报装、电网直供电的充电设施,出台电动汽车专用充电电价;除峰谷电价外,其他行之有效的措施还包括政府补贴、公共充电设施采购要求,以及允许充电运营服务商参与现货、调峰和需求响应等电力市场。

4.2.3 基于里程焦虑的充电策略

4.2.3.1 里程焦虑概述

本书 3.1 节对用户里程焦虑问题进行概要介绍并阐述了里程焦虑与剩余电量之间的关系。本章将对引起里程焦虑(Range Anxiety)的原因、里程焦虑的计算方式和解决方法进行概述。

1)里程焦虑

电动汽车可持续行驶里程短、充电时间长、充电基础配套设施建设不完备等不足之处让电动汽车用户出行的便捷性大大降低,电动汽车用户常常担心在出行途中车辆的蓄电池电量所能行驶的距离不能够到达目的地而伴有着“里程焦虑”的心理。尽管当前电动汽车的不断发展,其续驶里程大大延长,但里程焦虑仍然存在。

其原因不仅在于单次续驶里程的长短,还与补充能源方便与否有关。与燃油汽车加油只需几分钟时间相比,电动汽车充电动辄需要 1h 以上,足够影响到用户的出行规划。并且当前充电桩故障,充电车位被燃油汽车占用等问题也给电动汽车充电带来各种障碍。电量耗尽造成的严重后果和无法方便可靠充电的顾虑使得用户时刻处于对剩余电量和续驶里程的焦虑之中。简而言之，里程焦虑是用户对后续行程的能源保障信心不足所造成的。

2)里程焦虑的计算方式

目前，电动汽车的出行及充放电策略以及充电基础设施的建设与规划是众多研究者的研究重点。本节对研究学者们提出的各种里程焦虑计算方式进行总结。

(1)目前大多研究学者在研究中，对里程焦虑的考虑是考虑里程焦虑率、里程焦虑阈值、敏感参数等，将其应用于公式中进行计算。

(2)幂函数型和指数函数型里程焦虑计算公式[12]。

里程焦虑-电动汽车 SOC 的关系与服务质量-客户满意度关系相似，即随着 SOC 增加，电动汽车驾驶人的里程焦虑会从最大值 R_{max} 开始逐渐降低，直到 SOC 降至舒适里程阈值 L_{cmof}，里程焦虑会降为 0。将里程焦虑与电动汽车剩余 SOC 的关系转变为里程焦虑与行驶里程的关系，假设电动汽车在恒定的行驶速度下线性放电，剩余 SOC-行驶里程的分布为线性分布：

$$\mathrm{SOC}(l) = \mathrm{DR} - \mu l \tag{4.2-11}$$

$$l_{cmof} = \frac{\mathrm{DR} - L_{cmof}}{\mu} \tag{4.2-12}$$

$$R(l) = \begin{cases} R_{max} & l = \dfrac{\mathrm{DR}}{\mu} \\ \dfrac{(l - l_{cmof})^{\alpha}}{\left(\dfrac{\mathrm{DR}}{\mu} - l_{cmof}\right)^{\alpha}} & l_{cmof} \leqslant l < \dfrac{\mathrm{DR}}{\mu} \\ 0 & 0 \leqslant l \leqslant l_{cmof} \end{cases} \tag{4.2-13}$$

$$R(l) = \begin{cases} 0 & 0 \leqslant l < l_{comf} \\ \mathrm{e}^{\alpha - \frac{(l - l_{comf})}{\left(\frac{\mathrm{DR}}{\mu} - l_{comf}\right)}} - 1 & l_{comf} \leqslant l < \dfrac{\mathrm{DR}}{\mu} \\ R_{max} & l = \dfrac{\mathrm{DR}}{\mu} \end{cases} \tag{4.2-14}$$

式中：μ——线性参数；

l——行驶里程；

l_{cmof}——SOC 舒适里程阈值；

DR——续驶里程；

α——常数。

当行驶里程大于 l_{cmof} 时，里程焦虑将从 0 开始增加。里程焦虑随行驶里程的增加而增加，且增加的斜率也随行驶里程的增加而增加，两者为凸函数关系。当电动汽车行驶里程 l 到达续驶里程 DR 时，里程焦虑达到最大值 R_{max}。式(4.2-13)为幂函数型里程焦虑计算公式，式(4.2-14)为指数函数型里程焦虑计算公式。

(3)根据韦伯-费希纳定律计算里程焦虑[13]。

根据韦伯-费希纳定律，人类对外界的感官强度可以描述为感官强度与外界刺激的对数成正比：

$$K=\alpha\cdot \lg R \tag{4.2-15}$$

$$K_{S}=\alpha\cdot \lg P_{S} \tag{4.2-16}$$

$$K_{S}=\frac{\lg P_{S}-\lg P_{S\min}}{\lg P_{S\max}-\lg P_{S\min}} \tag{4.2-17}$$

$$P_{S\min}=\frac{\int_{L_{S\max}}^{L_{S\max}} f(x)\mathrm{d}x+\varepsilon}{\int_{0}^{L_{S\max}} f(x)\mathrm{d}x+\varepsilon} \tag{4.2-18}$$

$$P_{S\max}=\frac{\int_{0}^{L_{S\max}} f(x)\mathrm{d}x+\varepsilon}{\int_{0}^{L_{S\max}} f(x)\mathrm{d}x+\varepsilon} \tag{4.2-19}$$

式中：K——感官强度；

α——感官系数；

R——外界刺激强度；

K_{S}——电动汽车远程出行无法完成担忧的感官强度，即用户的里程焦虑心理效应；

$P_{S\max}$——电动汽车最大停驶概率；

$P_{S\min}$——电动汽车最小停驶概率；

$f(x)$——出行里程为 x 时的概率密度函数；

ε——出行里程大于满 SOC 可行驶里程的概率。

(4)基于使用行为的里程焦虑计算模型[14]。

通过聚类分析，分离焦虑和非焦虑用户，并使用逻辑回归模型用于识别焦虑用户。基于聚类后的用户车辆行为数据集，首先分析和筛选特征变量。由于后续最终要将用户里程焦虑转换成具体分数，更直观地呈现用户焦虑程度，需要将数据的特征变量进行证据权重(weight of evidence，WOE)编码，计算每个特征的 Info 值(information value)。Info 可衡量特征变量的信息量为：

$$\mathrm{WOE}=\ln\left(\frac{\gamma_{p}}{\gamma_{n}}\right) \tag{4.2-20}$$

$$\mathrm{Info}=\sum_{i=1}^{n}(\gamma_{p}-\gamma_{n})\mathrm{WOE}_{i} \tag{4.2-21}$$

式中：γ_{p}——正非焦虑用户样本占比；

γ_{n}——焦虑用户样本占比；

WOE_{i}——某个特征变量的第 i 个分箱的值。

Info 值在[0,1]范围内，可表示变量的预测能力，值越大表示特征的预测能力越好。可划分 5 值不同区间，代表不同的预测能力，见表 4.2-1。

为了体现用户里程焦虑的程度，使用评分卡转换输出用户里程焦虑程度，基于各特征分箱的 WOE 值和逻辑回归模型的预测结果进行分数的转换，转换方法如下：

$$\text{odds} = \frac{p}{1-p} \tag{4.2-22}$$

$$B = \frac{\text{PDO}}{\ln 2} \tag{4.2-23}$$

$$A = P_0 - B\ln(\theta_0) \tag{4.2-24}$$

$$\text{score} = A + B\ln(\text{odds}) \tag{4.2-25}$$

式中：p——逻辑回归模型预测用户存在里程焦虑的概率，代表发生比；

PDO(points to double the odds)——使增加一倍需要增加的数值；

P_0——设置比例为 θ_0 的特定点分值，表示转换后的分数，PDO 及 P_0 均为常数。

5 值预测能力　　表 4.2-1

Info 值	预测能力
≤0.03	无
0.03～0.10	低
0.10～0.30	中
0.30～0.50	高
≥0.5	极高

通过调节这 2 个常数，控制最终输出焦虑分数的区间范围，得到基于里程焦虑识别模型的预测结果，最终将输出用户的里程焦虑分数。

3）里程焦虑的解决方法

电动汽车在续驶里程上的痛点使得很多人不愿意从燃油汽车转向电动汽车。随着电动汽车数量不断增加，用户里程焦虑的问题越来越突出，用来缓解里程焦虑的办法有许多。

（1）增大蓄电池容量。蓄电池容量越大，电动汽车续驶里程越长，这将从本质上缓解里程焦虑。

（2）增加充电基础设施的建设。用户在行程过程中的担忧，不仅包括当前剩余电量能否完成当前出行计划，还包含着出行目的改变时，目的地及中途是否有满足需求的充电站。增加充换电站的数量，也能在一定程度上缓解里程焦虑。

（3）加快充电速度。充电速度的提升将提高充电桩的利用率，缓解充电桩不足等问题，同时也为用户提供更好的充电服务，带来更好的满意度。

（4）换电。换电能大大减少用户在出行途中的时间浪费，能在短时间内得到一辆满续驶里程的电动汽车。

（5）策略性补能。大部分电动汽车是可以在家进行充电的，充分发挥电动汽车能在家充电的优势，策略性补能，可以弱化电动汽车出行带来的里程焦虑。

里程焦虑和充电麻烦的问题严重影响电动汽车的使用体验，阻碍了电动汽车的普及。里程焦虑解决方法对政府和企业提出较高的要求，在当前发展阶段中也存在些许阻力，如电网压力、基础设施盈利条件、用户的选择等。

4.2.3.2 基于里程焦虑的充电策略

1)面向成本优化的弹性充电策略[15]

考虑充电策略对成本的影响,在给定路况、行驶距离、当前剩余电量等信息的情况下,考虑充电成本的构成与用户使用习惯的通用特点,设计基于用车成本的优化充电策略,优化家用电器的充电行为。

以 1h 作为所有充电站价格的最小变动周期,行程的总花费包括充电的成本、停车费以及绕路充电消耗费用。

$$\mathrm{Cost}_{\mathrm{chg}}^{m} = C_{\mathrm{d}} + C_{\mathrm{dtr}} + P \tag{4.2-26}$$

$$\mathrm{Cost}_{\mathrm{chg}}^{t} = \lambda t \tag{4.2-27}$$

$$t = t_{\mathrm{chg}} + t_{\mathrm{dtr}} \tag{4.2-28}$$

$$\mathrm{Cost}_{\mathrm{chg}} = \mathrm{Cost}_{\mathrm{chg}}^{m} + \mathrm{Cost}_{\mathrm{chg}}^{t} = C_{\mathrm{d}} + C_{\mathrm{dtr}} + P + \lambda(t_{\mathrm{dtr}} + t_{\mathrm{chg}}) \tag{4.2-29}$$

式中:C_{d}——行程用电成本;

C_{dtr}——前往充电站所产生的额外行驶里程的用电成本;

P——因充电而产生的停车费;

λ——单位时间成本;

t——因充电所耗费的时间;

t_{chg}——充电消耗的时间;

t_{dtr}——充电导致的额外时间损耗,包括前往充电站、插拔充电枪等花费的时间。

如图 4.2-2 所示,A 点为汽车当前位置,B 点为目的地。CS_i($i=1\sim \mathrm{m}$)为沿途的 m 个充电站。$\mathrm{Cost}_i^{\min}$ 表示汽车要行驶到充电站 CS_i 所对应的主路线上相应位置所需的最小充电成本。

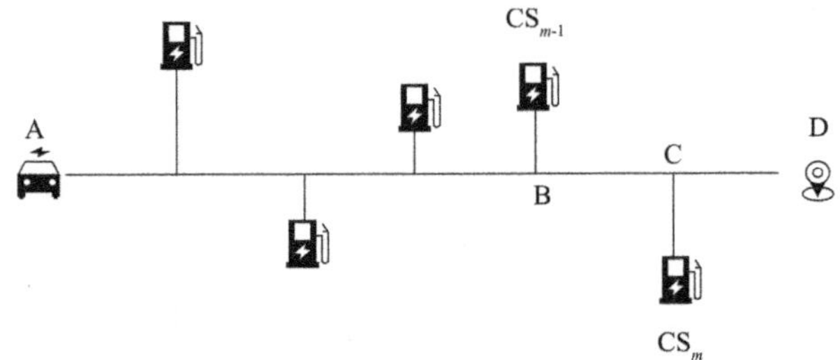

图 4.2-2 电动汽车行程中充电站选择问题

选择在哪些充电站充电以及在各充电站的充电量,成为一个 0-1 规划问题:

$$\min \sum_{i} x_i \mathrm{Cost}_{\mathrm{chg}}^{i}(Q_i) \qquad x_i \in (0,1) \tag{4.2-30}$$

$$\mathrm{Cost}_i = \begin{cases} \mathrm{Cost}_{i-1} + F_k(Q_i) & F_k(Q_i) < C_i(Q_i) \\ \mathrm{Cost}_{i-1} + C_i(Q_i) & C_i(Q_i) < F_k(Q_i) \end{cases} \tag{4.2-31}$$

式中:x_i——是否会在第 i 个充电站进行充电;

$C_i(Q)$——前往充电站 CS_i 充电 Q 的成本,包括绕路成本;

$F_k(Q)$——在充电站 CS_k 增加充电量 Q 所需的成本,不包括绕路成本;

CS_k——此前选择的若干个充电站中成本最低的一个,由于该充电站的绕路成本此前已经计算过一次,故此时无须重复计算。

2)电量阈值组合下的路径最优充电策略

充电过程受到剩余电量、行驶里程、安全电量和充电电量等因素的影响,因此,通过设置安全电量阈值缓解用户里程焦虑。设置充电电量阈值,既在保证出行需求的前提下,又保证充电效率,搭建电量阈值组合机制,并判断路径最优电量阈值组合,根据实际情况为电动汽车推荐合适的路径、充电站节点和充电电量,从而降低用户在出行中的充电时间,进而减少总的出行时间。

$$t_i(C_i^{\beta_n^*}) = t_{i1} + t_{i2}C_i^{\beta_n^*} = \begin{cases} t_{i1} + t_{i2}^1 C_i^{\beta_n^*} \\ t_{i1} + t_{i2}^2 C_i^{\beta_n^*} \end{cases} \tag{4.2-32}$$

式中:$t_i(C_i^{\beta_n^*})$——电动汽车在充电站节点 i 处充电所需的时间;

$C_i^{\beta_n^*}$——在节点 i 的充电电量;

$t_{i2}C_i^{\beta_n^*}$——可变充电时间,$C_i^{\beta_n^*}=\beta_n^* \cdot L_{\max} - Q_{ri}$,其中 β_n^* 表示充电电量阈值系数,$n\in\{1,2,3\}$,β_1^*、β_2^* 为充电电量分级阈值,β_3^* 为充电电量满电阈值,既能保证安全充电,又能减少充电时间;

$L_{\max}$——最大蓄电池容量;

Q_{ri}——电动汽车行驶到充电节点 i 时的剩余电量,$Q_{ri}=Q-\varpi \cdot l_{EV}$,其中 Q 为电动汽车当前初始电量(或当前可用电量),ϖ 为蓄电池能量消耗率,l_{EV} 为电动汽车行驶里程;

t_{i1}——充电活动的固定时间,取值为 5min;

t_{i2}——单位电量所需可变充电时间,包括 t_{i2}^1 和 t_{i2}^2,取决于充电桩的充电级别,在电量达到充电电量阈值之前为 $t_{i2}^1=0.67\text{min}/(\text{kW}\cdot\text{h})$,在电量达到充电电量阈值之后继续充电为 $t_{i2}^2=10\text{min}/(\text{kW}\cdot\text{h})$,该描述更好地模拟了电动汽车充电时间的实际情况,如果节点 i 没有充电桩,则 t_{i1}、t_{i2}^1 和 t_{i2}^2 为 0。

其中,充电电量分级阈值确定的原理如下:

从车辆的蓄电池安全性能方面进行考虑,当前的电动汽车充电方式大多采用直流充电,当蓄电池在充电过程中的充电电量达到 80% 左右时,为了保证蓄电池安全充电,电流会适当降低,一直持续到蓄电池充满电量。因此,本节中的充电电量阈值的确定,一方面是考虑保护蓄电池在充电过程中安全充电,另一方面是考虑分级充电时间函数,在满足行驶需求的前提下,使出行时间最小化。设定另一个充电电量分级阈值设定值 70%,为阈值判断机制增加普适性,为用户提供多种策略选择。

建立安全电量阈值-充电电量阈值组合判断机制,即 α_n^*-β_n^* 组合机制。α_n^* 表示为充电电量阈值系数,$\alpha_n^* \cdot L_{\max}$ 表示到达充电节点的安全电量;安全电量阈值系数 α_n^* 是为确保电动汽车保留一定剩余电量,方便进行下次充电续驶,提高蓄电池使用寿命。α_n^* 设定为 1%、3%、5% 三个值;充电电量阈值系数 β_n^* 用来界定充电时间分级,β_n^* 设定为 70%、80%、100% 三种可变阈值系数,其中 β_1^*、β_2^* 为充电电量分级阈值,β_3^* 为充电电量满电阈值。

α_n^*-β_n^* 阈值组合判断机制的具体步骤如下:

(1)根据 $\alpha_n^* \cdot L_{\max}$ 计算设定的安全电量阈值下的安全电量 E_s,根据 $\beta_n^* \cdot L_{\max}$ 计算设定

的充电电量阈值下的充电电量 E_c，即：

$$E_s = \alpha_n^* \cdot L_{max} \tag{4.2-33}$$

$$E_c = \beta_n^* \cdot L_{max} \tag{4.2-34}$$

（2）由步骤（1）计算得到某电动汽车当前可用电量 Q（单位 kW·h）下的可行驶距离 $l = \frac{Q - \alpha_n^* \cdot L_{max}}{\varpi}$ 和对应充电电量阈值下的充电时间 $t_i(C_i^{\beta_n^*})$，其中，ϖ 表示蓄电池能量消耗率，单位为 kW·h/km。计算得到电动汽车蓄电池消耗量为：

$$H_{EV} = \varpi \cdot l_{EV} \tag{4.2-35}$$

式中：H_{EV}——车辆行驶一定距离下的蓄电池消耗量；

ϖ——蓄电池能量消耗率，即车辆行驶单位路程的蓄电池能耗；

l_{EV}——电动汽车行驶里程。

（3）根据步骤（2）中的可行驶距离 l 和充电电量阈值下充电时间 $t_i(C_i^{\beta_n^*})$，对路网中的路径及路段进行判断：①l 是否大于或等于（或小于）到达目的地（或者到达下一充电节点）的距离：若 l 大于或等于 L_d 或 L_{ncn}，则当前安全电量阈值可选用，其中 L_d 表示到达目的地的距离，L_{ncn} 表示到达下一充电节点距离；若 l 小于 L_d 或 L_{ncn}，则当前阈值不可用，选用另一阈值，继续判断，确定可行安全电量阈值。②比较可行的安全电量阈值下的充电时间 $t_i(C_i^{\beta_n^*})$，确定可选用的充电电量分级阈值 β_n^*。

（4）根据判断结果确定该路径的 α_n^*-β_n^* 组合值，在满足行驶距离需求和保证安全电量的前提下，优先选择能够到达目的地的最小的充电分级阈值 β_n^* 和安全电量阈值 α_n^*。即选定的阈值电量能满足行驶需求就可以，不一定需要充满电，这样一定程度上减少在节点的充电时间，进而减少总行程时间。当选择分级阈值不能满足行驶需求时，需要进一步地选择充电电量更高的阈值或满电阈值。

（5）采用时间最小化作为路径选择的决策准则。建立最小化总出行时间目标函数，对目标函数进行数值求解，对比分析，得到选择路径，其中最小化总出行时间的目标函数计算：

$$Z_{cs} = \min\left[\sum_{a \in A} t_a(v_a) \cdot \delta_a + \sum_{i \in N} (t_{i1} + t_{i2} C_i^{\beta_n^*}) \cdot r_i\right] \tag{4.2-36}$$

式中：a——网络中路段；

A——所有路段的集合；

t_{i1}——充电活动的固定时间，取值为 5min，t_{i2} 为单位电量所需可变充电时间；

$C_i^{\beta_n^*}$——在节点 i 的充电电量；

$t_{i2} C_i^{\beta_n^*}$——可变充电时间；

r_i——电动汽车是否在充电站节点 i 充电，$r_i \in \{0,1\}$，$\forall i \in N$；

$t_a(v_a)$——路段 a 的阻抗，它随着路段流量 v_a 而递增，采用交通分配中常用的 BPR 路阻函数表达式，即 $t_a = t_a^0\left[1 + 0.15\left(\frac{v_a}{c_a}\right)^4\right]$，其中 t_a^0 为路段 a 上交通流量为 0 时的行驶时间，v_a 为路段 a 上的交通流量，c_a 为路段 a 的容量，d_a 是一个决策变量，表示经过路段 a 则等于 1，否则为 0；i 为充电站节点，N 为网络节点集合。

3）长时间尺度充放电调度策略[16]

以具体电动汽车充放电行为为研究对象，以电动汽车用户综合效益最优化为目标，建立基于日前-实时双层的长时间尺度电动汽车充放电调度策略，如图4.2-3所示。

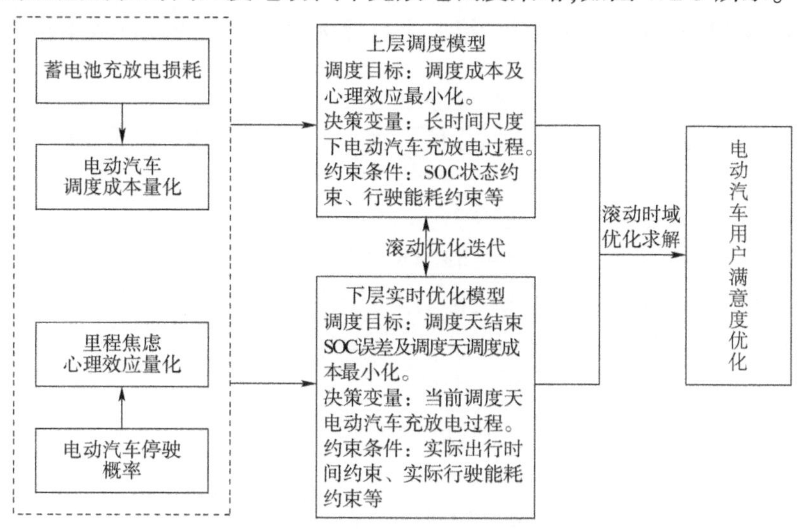

图4.2-3　长时间尺度电动汽车充放电调度策略

（1）上层调度模型：调度目标为电动汽车综合效益：①调度过程中的调度成本，包含购电成本以及动力蓄电池损耗成本；②调度时段结束时电动汽车用户对调度后一日出行里程焦虑心理效应最小。

$$f_1 = \min \sum_{l=1}^{L} \left(\sum_{t=t_{in}^l}^{t_{\text{dep}}^l} P_l(t) \cdot \Delta t \cdot r(t) + \sum_{i=1}^{N_l} C_{l,\text{cyc}}^i \right) \tag{4.2-37}$$

$$f_2 = \min \sum_{i=1}^{L} K_{S,l} \tag{4.2-38}$$

$$r(t) = \begin{cases} r_{\text{ch}}(t) & P_l(t) \geqslant 0 \\ r_{\text{dis}}(t) & P_l(\text{t}) \leqslant 0 \end{cases} \tag{4.2-39}$$

式中：f_1——调度成本最小化目标；

f_2——心理效应最小化目标；

L——总调度天数；

t_{in}^l——第 l 天的开始调度时刻；

t_{dep}^l——第 l 天的离开调度时刻；

$K_{S,l}$——第 l 天电动汽车用户心理效应；

$P_l(t)$——第 l 天 t 时段的充放电功率，kW；

Δt——调度时段长度；

$r(t)$——t 时段电价，元/kW·h；

$C_{l,\text{cyc}}^i$——第 l 天第 i 段放电阶段的动力蓄电池损耗成本，元；

N_l——第 l 天电动汽车用户的心理效应；

$r_{\text{ch}}(t)$——t 时段充电电价；

$r_{dis}(t)$——t 时段放电电价。

(2)下层实时优化模型:首要目标为跟随上层调度模型规划的长时间尺度电动汽车充放电调度过程,选择合适的方法,如跟随当天调度结束时 SOC 水平。下层实时优化模型的第一个目标是调度天结束时 SOC 误差最小;第二个目标为调度天实时调度成本最小。

$$f_1^l = \min |S_{pre}^l - S_{real}^l| \tag{4.2-40}$$

$$\Delta Q_i = (S_{ei} - S_{0i})Q, f_2^l = \min\left(\sum_{t=t_{in,r}^l}^{t_{dep,r}^l} P_{l,r}(t) \cdot \Delta t \cdot r(t) + \sum_{i=1}^{N_{l,r}} C_{l,cyc,r}^i\right) \tag{4.2-41}$$

式中:f_1^l——第 l 天结束时 SOC 误差最小化;

S_{pre}^l——上层调度模型第 l 天结束时的 SOC 结果;

S_{real}^l——下层实时优化模型第 l 天优化结束时实际 SOC 水平;

f_2^l——第 l 天实时调度成本最小化;

$P_{l,r}(t)$——第 l 天 t 时段的实际充放电功率;

$t_{in,r}^l$——第 l 天的实际开始调度时间;

$t_{dep,r}^l$——第 l 天的实际离开调度时刻;

$C_{l,cyc,r}^i$——第 l 天第 i 段放电阶段的实际动力蓄电池损耗成本;

$N_{l,r}$——第 l 天实际放电阶段数量。

4.2.3.3 基于里程焦虑的充电策略的应用

目前电动汽车的里程焦虑现象受到普遍关注。针对电动汽车的特殊性,谷歌地图团队提出了一种综合考虑充电站和充电时间的电动汽车导航模式,基于蓄电池容量和目标里程规划最优的行程路线,最大化地节省旅途耗时。

针对里程焦虑的充电策略研究,如考虑驾驶人充电选择行为和里程焦虑的充电站选址模型等,对解决电动汽车长距离出行充电难的问题,拓展电动汽车使用场景,突破电动汽车行业发展瓶颈,推动电动汽车技术创新,提升消费者购买欲望,促进电动汽车的普及和应用具有重大意义。

(1)提高充电便利性,缓解充电难的问题。

制约电动汽车发展的因素主要是续驶里程、购车成本、充电关键技术和充电便利性等,随着动力蓄电池和整车技术的进步,以及产销规模的不断扩大,电动汽车的购车成本逐步下架,续驶里程逐渐增加,充电关键技术也正不断突破。但充电便利性问题因涉及面广,涉及因素众多且相互制约,给电动汽车用户带来了较大的里程焦虑。考虑里程焦虑的充电策略,可以提升电动汽车在使用过程中的充电便利性,缓解充电难的问题。

(2)减缓驾驶人的里程焦虑,拓展、延伸电动汽车的使用场景,促进电动汽车的普及和应用。

电动汽车因为蓄电池技术制约导致续驶里程有限,同时制约了电动汽车的使用场景,消费者购买电动汽车的主要使用场景为通勤、购物等城市内短距离出行,很少会使用电动汽车进行中长途出行。针对里程焦虑的考虑,可以为消费者规划合理的出行路线和充电策略,有效地扩展和延伸电动汽车的使用场景,满足消费者全方位用车需求,促进电动汽车的普及和应用。

(3)联系充电站选址相关理论,为城际间充电站选址问题提供参考。

电动汽车充电站的选址问题正是科学研究的重要及热点问题。考虑里程焦虑,科学合理地进行公共充电站选址,不仅可以提高充电站的服务质量和运营效率,高效地进行资源配置,还能提升电动汽车驾驶人出行的便捷程度和舒适度。对考虑里程焦虑的充电策略的研究,可以为电动汽车充电站规划建设提供较高的理论参考价值。

4.3 本章小结

本章主要介绍了充电的基本概述和电动汽车充电策略。针对充电基础设施详细阐述了充电基础设施的功能及建设发展现状、四种主流的充电模式,包括快速直流充电模式、慢速交流充电模式、蓄电池更换模式和无线充电模式。同时介绍了充电设施中充电桩和充电站的各种分类依据。针对电动汽车充电行为给人们和社会带来的影响,介绍了各种充电策略,包括基于随机函数的充电策略、基于电价引导的充电策略、基于充电焦虑的充电策略。基于随机函数的充电策略,即用户的无序充电,给电网带来巨大的冲击。众多学者开始研究基于电价引导的充电策略,以通过分时电价,引导用户避开用电高峰期为电动汽车充电,削弱给电网带来的压力。本章还对当前基于电价引导的充电策略进行了整理,包括其目标函数、约束条件等。随着电动汽车的增加,电动汽车给用户带来的里程焦虑问题也愈加凸显,部分学者从里程焦虑角度,分析电动汽车用户的充电行为,考虑里程焦虑以期达到最大化为用户节约成本的效果,并提高用户满意度,如面向成本优化的弹性充电策略、电量阈值组合下的路径最优充电策略、长时间尺度充放电调度策略等。

本章参考文献

[1] 蒋强,熊小龙,艾劼. 电动汽车充电模式及充电接口进展[J]. 电源技术,2018,42(08):1257-1260.

[2] MOHREHKESH S, NADEEM T. Toward a wireless charging for battery electric vehicles at traffic intersections [C]//Proceedings of 14th International IEEE Conference on Intelligent Transportation Systems (ITSC). New York: IEEE, 2011: 113-118.

[3] COVIC G A, KISSIN M L G, KACPRZAK D, et al. A bipolar primary pad topology for EV stationary charging and highway power by inductive coupling [C]//Proceedings of Energy Conversion Congress and Exposition (ECCE). New York: IEEE, 2011: 1832- 1838.

[4] YILMAZ M, KREIN P T. Review of battery charger topologies, charging power levels, and infrastructure for plug-in electric and hybrid vehicles[J]. IEEE Transactions on Power Electronics, 2013, 28(5): 2151-2169.

[5] MUSAVI F, EBERLE W. Overview of wireless power transfer technologies for electric vehicle battery charging [J]. IEEE Transactions on Power Electronics, 2014, 7(1): 60-66.

[6] 高大威,王硕,杨福源. 电动汽车无线充电技术的研究进展[J]. 汽车安全与节能学报,

2015,6(4):314-327.

[7] 郭磊,王克文,文福拴,等.电动汽车充电设施规划研究综述与展望[J].电力科学与技术学报,2019,34(03):56-70.

[8] 周志敏,纪爱华.电动汽车充电站设计与运营[M].北京:机械工业出版社,2020.

[9] 李建林,许璐,马凌怡.光储充一体化系统容量优化配置方法研究[J].电气应用,2022,41(09):71-77.

[10] 谢远德,邓沙丽.基于用户满意度的电动汽车无序充电影响研究[J].萍乡学院学报,2021,38(06):18-23.

[11] 陈星曲,尹常永.电动汽车有序充电策略研究综述[J].电子世界,2022(02):13-15.

[12] 张翀宇.考虑充电选择行为和里程焦虑的电动汽车充电站选址模型研究[D].吉林大学,2021.

[13] 孙磊,陈彦峰,常爽爽,等.电动汽车弹性充电策略的研究[J].东北大学学报(自然科学版),2022,43(10):1383-1390.

[14] 李宗华,翟钧,王贤军,等.基于使用行为的电动汽车驾驶人里程焦虑模型[J].汽车安全与节能学报,2021,12(02):226-231.

[15] 孙磊,冯智伟,韩美灵,等.面向成本优化的电动汽车弹性充电策略[J/OL].小型微型计算机系统:1-8[2023-02-26].http://kns.cnki.net/kcms/detail/21.1106.TP.20221114.1754.010.html.

[16] 侯慧,王逸凡,吴细秀,等.长时间尺度下计及里程焦虑心理效应的电动汽车充放电调度策略[J].高电压技术,2023,49(01):85-93.

第5章 新能源汽车配套设施部署

新能源汽车以低污染、低噪声等优势进入大众视野,但其续驶里程、充电频繁等问题深受诟病。随着新能源汽车市场渗透率不断提升,充电需求也会随之递增。但是,现有服务区充电基础设施建设不够合理、部分服务区过度拥堵、部分服务区充电桩利用率低的问题一直存在。因此,有必要对新能源汽车配套基础设施设置进行规划设计,这样也将有利于新能源汽车的普及并且能够大幅改善新能源汽车用户出行体验。本章从新能源车辆配套基础设施双层规划模型的角度出发,介绍双层规划模型的概念、特点以及求解算法,最后引用实例,从选址、定容两个角度分别运用两个案例分析进行实例验证。

5.1 充电设施双层规划模型

随着社会快速发展,社会中存在的问题也愈加复杂,影响决策的因素也愈发多样,因此,有关层次性的研究开始慢慢产生。其中,双层规划模型较单层规划模型增强了层次性但又不似三、四层规划模型那样烦琐复杂,因此被广泛使用。早在 20 世纪 50 年代,H. V Stackelberg 学者提出双层规划的思想,再经过二十多年的研究发展,双层规划这一概念被 Candler[1] 等学者正式提出,定义为有各种目标的两个决策者以某种方式对零一决策者产生影响,并且双层并非平等,通常需要一方先作出决策,另一方则根据其所作决策制定自己的决策,且该决策也会对上方的最终决策产生影响。下面从交通领域角度介绍双层规划模型,其基本数学表达如下[2]:

$$\min F(x,y) \tag{5.1-1}$$

$$G(x,y) \leqslant 0 \tag{5.1-2}$$

其中,$y=y(x)$ 由下层规划所得:

$$\min f(x,y) \tag{5.1-3}$$

$$g_i(x) \leqslant 0 \tag{5.1-4}$$

其中,式(5.1-1)、式(5.1-3)分别为上下层规划的目标函数,式(5.1-2)、式(5.1-4)分别为上下层规划的约束条件。$y=y(x)$ 是连接双层模型的反应函数。根据双层规划模型的基本算法结构不难看出双层规划所具备的几个基本特点,下面将进行详细介绍。

5.1.1 双层规划模型的特点

(1)制约性:在双层规划模型中,上、下层因处于相应的环境而受到各自的约束,分别需要考虑各自的目标,但就受约束条件限制的强度而言,上层相比下层较弱。

(2)分离性:由于双层规划模型中上下双方是独立的个体,有各自的目标和达成目标的能力和方式,因此,双方在互相制约的条件下坚持着各自的目标。

(3)联动性:双层规划模型的一个特点便是上下层具有联动性,无论是哪一层的决策变动,都会对最终的结果造成影响,所以在进行模型优化时,需要协同考虑上下层的模型求解策略,使得最终的结果呈现出最优性。

(4)服从性:双层模型之间虽然具有制约性,但同时也分先后性,通常上层模型优先于下层模型,换句话说,当双层模型之间发生冲突时,要优先考虑上层模型的目标及影响因素,改变下层模型的决策,以使决策同时满足上下层的规划要求。

(5)层次性:就如人类社会有阶层一般,双层规划模型中的上、下层也处于不平等的地位,一方拥有较高的话语权,能够根据自己的目标先采取行动而另一方通常需要支持和服从,这边是双层规划模型具有的层次性的特点,两方相互独立,但同时又相互影响。

5.1.2 上层系统最优模型

在双层规划模型中,上层系统最优模型,通常包含目标函数与约束条件,根据目标函数数量的差异,分为单目标优化与多目标优化模型。正如字面含义,多目标优化通常包含多个目标函数同时进行优化,相比于单目标优化需要考虑多个目标间的不同权重,寻找一个全局最优的结果。多目标优化通常要比单目标优化模型复杂得多。下面将着重对多目标优化进行介绍。

实际生产生活的各个领域普遍都存在着多目标优化问题,例如在机械生产中,往往需要使零件的刚度、强度和经济性等都能最优,但是这几乎是不可能的,各个目标之间必须各有权重,而如何分配这些权重,对不用的目标进行权衡,就是多目标优化问题(Multi-objective Optimization Problem,MOP)需解决的问题。

多目标优化问题可用如下数学模型表示[3]:

$$\min/\max f(\boldsymbol{X}) = (f_1(\boldsymbol{X}), f_2(\boldsymbol{X}), \cdots, f_m(\boldsymbol{X})) \tag{5.1-5}$$

$$g_i(x) \leqslant 0 \tag{5.1-6}$$

式中,$\boldsymbol{X} = (x_1, x_2, \cdots, x_k)^{\mathrm{T}}$ 是 R^k 空间的 k 维向量,即上述函数的可行域,$f_j(x)(j=1,2,\cdots,m)$为目标函数,$g_i(x) \leqslant 0$ 为不等式约束函数。在多目标问题中,需优化的各个目标之间相互制约甚至相互矛盾,往往改善一个目标性能的同时会以牺牲其他目标性能为代价,基本不会存在一个解使得所有目标都达到最优状态。因此,对于多目标优化问题,通常得到的是一个最优解集(Pareto Optimal Solutions),相关定义如下[4]。

定义1:帕累托占优(Pareto Dominate)

考察决策空间 X 中的任意两个决策向量 a 和 b,a 帕累托占优 b,记为 apb,当且仅当:

$$\forall 1 \leqslant i \leqslant m f_i(a) \leqslant f_i(b) \tag{5.1-7}$$

$$\exists 1 \leqslant j \leqslant m f_j(a) \leqslant f_j(b) \tag{5.1-8}$$

即向量 a 的目标值都不大于向量 b 的目标值,且向量 a 至少存在一个目标值严格小于

向量 b 对应的目标值。

定义 2：帕累托最优解（Pareto Optimal）

考察决策空间 X 中的任一向量 a，a 为帕累托最优解，当且仅当：

$$\text{不存在 } a' \in X, a'pb$$

即决策空间 X 中不存在支配向量 a 的决策向量。

定义 3：帕累托最优解集（Pareto Optimal Set）

由决策空间 X 中的所有帕累托最优解构成，具体定义如下：

$$P = \{x \in X \mid \text{不存在 } x' \in X, x'px\}$$

定义集合 P 对应的目标向量集合为帕累托最优前沿（Pareto Optimal Front，POF）。

5.1.3　下层交通均衡模型

交通分配是在基本路网信息已知的条件下，根据用户的出行特征选择合适的路径，以期达到出行成本最小的目的。下面将对交通均衡，也就是交通出行需求分配模型进行介绍说明。

5.1.3.1　交通网络均衡问题

1952 年，Wardrop 提出了著名的交通网络均衡第一原则和第二原则即用户均衡（User Equilibrium，UE）原则和系统最优（System Optimization，SO）原则[5]。

Wardrop 第一原则（UE）：在道路的使用者确切掌握网络的交通状态并试图选择最短路径出行时，网络将达到平衡状态，在考虑拥挤对系统旅行时间造成影响的网络中，当网络达到平衡状态时，相同 OD 对之间的所有被使用路径旅行时间最小且相等，没有被使用路径上的旅行时间大于或等于被使用路径的旅行时间。

Wardrop 第二原则（SO）：考虑拥挤交通网络中，系统平衡条件下，路网交通流按照系统旅行时间最小进行分配。

5.1.3.2　用户平衡分配模型

Wardrop 提出用户均衡分配原则后，相当长的一段时间内都没一种严格的模型可以满足这一平衡准则。Beckmann 等学者于 1956 年提出了满足用户均衡条件下的数学规划模型，从此奠定了交通流分配研究的理论基础，相应的最优化问题如下：

$$\min z(x) = \sum \int_0^{x_a} t_a(x)\,\mathrm{d}x \tag{5.1-9}$$

$$\sum_k f_k^w = q_w \qquad \forall w \tag{5.1-10}$$

$$f_k^w \geqslant 0 \qquad \forall k, w \tag{5.1-11}$$

$$x_a = \sum_w \sum_k f_k^w \delta_{a,k}^w \qquad \forall a \tag{5.1-12}$$

式中：x_a——路段上 a 的交通流量；

$t_a(x)$——路段 a 上以流量为变量的路段阻抗函数；

f_k^w——OD 对 w 之间第 k 条路径上的流量；

c_k^w——OD 对 w 之间第 k 条路径上的阻抗；

q_w——OD 对 w 之间的分布交通量；

$\delta_{a,k}^w$——路段-路径相关变量，即 0-1 变量，如果路段 a 属于 OD 对 w 之间第 k 条路径，则 $\delta_{a,k}^w=1$，否则 $\delta_{a,k}^w=0$。

5.1.3.3　系统最优分配模型

系统最优以路网中所有用户总阻抗最小为目标，其约束条件和用户平衡分配模型一致，SO 数学规划模型如下：

$$\min z_{\mathrm{SO}} = \sum_{a\in A} x_a t_a(x_a) \tag{5.1-13}$$

$$\sum_{k\in K^w} f_k^\omega = q^\omega \qquad \forall \omega \in W \tag{5.1-14}$$

$$x_a = \sum_{\omega}\sum_{k\in K^\omega} \delta_{ak}^\omega f_k^\omega \tag{5.1-15}$$

式中：x_a——路段上 a 的流量；

f_k^ω——OD 点对 ω 上第 k 条路径上的流量；

$t_a(x_a)$——路段阻抗；

q^ω——OD 点对上 ω 的分布交通量；

δ_{ak}^ω——连接关系变量，当路径包含路段 a 时，$\delta_{ak}^\omega=1$，否则，$\delta_{ak}^\omega=0$；

K^ω——OD 点对上 ω 所有路径的集合，这些路径可能有流量，也可能无流量；

W——交通网络所有 OD 对的集合。

SO 模型的求解可分为三种情况[6]：

(1) 当道路阻抗函数 $t_a(x_a)$ 为定值时，各路段的阻抗不受交通量的影响，最短路径分配即为系统总成本最小，采用最短路径分配法求解的结果即为满足系统最优的解。

(2) 当道路阻抗函数 $t_a(x_a)$ 为线性函数时，目标函数可以转化为一个线性规划模型，可使用线性规划的解法求解。

(3) 当道路阻抗函数 $t_a(x_a)$ 为非线性函数时，令：

$$\bar{t}_a(x_a) = t_a(x_a) + x_a\frac{\mathrm{d}t_a(x_a)}{\mathrm{d}x_a} \tag{5.1-16}$$

则：

$$\begin{aligned}\int_0^{x_a} t_a(\omega)\mathrm{d}\omega &= \int_o^{x_a}\left[t_a(\omega) + \omega\frac{\mathrm{d}t_a(\omega)}{\mathrm{d}\omega}\right]\mathrm{d}\omega \\ &= \int_o^{x_a}[t_a(\omega)\mathrm{d}\omega + \omega\mathrm{d}t_a(\omega)] \\ &= \int_o^{x_a}\mathrm{d}[t_a(\omega)\omega] = x_a t_a(x_a)\end{aligned} \tag{5.1-17}$$

由此可知,利用该阻抗函数进行用户均衡求解,所求解结果即为SO分配模型的解。

5.1.3.4　电动汽车与燃油汽车的混合交通均衡

假设网络中有两种用户,即电动汽车(EV)用户和燃油汽车(GV)用户。针对电动汽车,可能需要在行驶路径上的某个充电站节点补充一定的蓄电池电量,以防止车辆在到达目的地之前消耗完蓄电池电量。值得注意的是,假设为了尽快到达目的地,电动汽车用户可以选择不在途中的充电站把蓄电池电量充满,只会再充少量电,这也说明了这一类的电动汽车用户的出行时间价值更高。另外,由于能耗的不确定性,电动汽车用户在到达目的地时可能会避免使用其蓄电池提供的所有电量。相反,这些用户更倾向于保留一定的蓄电池安全电量,使剩余蓄电池电量高于这一安全电量数值。因此,假设当电动汽车到达目的地时,剩余的蓄电池电量不小于安全阈值电量。这种蓄电池安全电量将确保他们能够找到下一个充电站来保持电动汽车的运行。值得注意的是,在本章研究中,最小充电电量取决于剩余行驶距离和电动汽车用户保留的蓄电池安全电量。此外,对于燃油汽车来说,假设其油箱内具有充足的汽油可满足出行需要。

当两种用户在初始位置和目的地之间出行时,对于需要在出行途中充电的电动汽车用户来说,选择的路径具有最短的出行时间,其总出行时间既包括行驶时间,也包括充电时间,且行驶时间要长于充电时间。对于燃油用户选择路径时,只考虑出行时间成本。此外,与现有研究不同,本书在基础模型中考虑了具有不同风险感知和关于充电时间价值的不同感知时间偏差水平的电动汽车用户,并且电动汽车具有相同的蓄电池大小但不同的蓄电池初始状态。此外,进一步假设在交通网络中,只有有限数量的充电站,并且这些充电站位于网络的某些节点,沿路径行驶的车辆可能不会经过充电站。因此,基于上述假设和考虑,可以获得以下网络均衡的定义:在混合用户均衡中,对于相同类型的用户,所有选用路径都是可用的,并且一个起终点对内的所有选用路径的总出行时间的成本是相同的,即它们小于或等于同一起终点对的任何未使用的可用路径的出行时间成本。

在此用一个数学模型来描述上述混合用户均衡(Mixed User Equilibrium, M-UE)。为了方便起见,假设网络中有 M 种用户,其中 m 种属于电动汽车用户,并且其具有不同的风险感知和不同的对充电时间的感知时间偏差,剩下的类型属于燃油汽车用户。

此外,由于车辆能量消耗与交通流无关,所以用集合 R_m^w 表示OD对 w 之间的所有可用路径,因此,可以构建具有混合用户的网络均衡模型(M-UE),即:

$$\min \sum_{a \in A} \int_o^{x_a} t_a(z) d_z + \gamma_m \sum_{m \in M} \sum_{w \in W} \sum_{r \in \hat{R}_m^w} \theta_m s_{r,m}^w f_{r,m}^w \tag{5.1-18}$$

约束条件:

$$\sum_{r \in \hat{R}_m^w} f_{r,m}^w = Q_m^w \qquad \forall w \in W, m \in M \tag{5.1-19}$$

$$\sum_{m \in M} \sum_{r \in \hat{R}_m^w} f_{r,m}^w = g_m^w \qquad \forall w \in W, m \in M \tag{5.1-20}$$

$$f_{r,m}^w \geqslant 0, \forall r \in \hat{R}_m^w \qquad \forall w \in W, m \in M \tag{5.1-21}$$

$$x_a = \sum_{m \in M} \sum_{w \in W} \sum_{r \in \hat{R}_m^w} f_{r,m}^w \delta_{a,r}^w \qquad \forall a \in A, m \in M \tag{5.1-22}$$

式中：M——网络中各个节点的集合；

A——路网中各条路段的集合，$a \in A$ 代表路段 a 属于路段集合 A；

W——OD 对 w 的集合，起讫点对 $w \in W$；

$\hat{R}_m^w$——路径集合；

r——路径 r 在路径集合内，$r \in \hat{R}_m^w$；

$\delta_{a,r}$——路段与路径之间的 0-1 变量，若路段 a 在路径 r 上，则其数值为 1，否则其数值为 0；

$t_a(z)$——路段 a 交通阻抗函数，路段 a 的行驶时间是路段流量的严格单调递增函数，此处仍然采用 BPR 路阻函数模型计算路段行驶成本 t_a；

$s_{r,m}^w$——用户在充电活动中需要花费的最小实际时间，而对于燃油汽车来说，有 $s_{r,m}^w = 0$；

θ_m——与电动汽车用户的风险感知有关的系数，$\theta_m \geqslant 1$；

g_m^w——OD 对 w 之间 m 型车辆出行需求（即总车辆数）；

$f_{r,m}^w$——OD 对 w 之间路径 r 上的 $k \in K$ 型交通流。

5.1.3.5 弹性充电策略

电动汽车一旦电量用尽，充满电需要较长时间，会严重影响到之后的行程安排。当前我国的充电设施建设还处于起步阶段，即使在充电设施发展较快的大城市，寻找充电桩也是电动汽车用户的一大难题。为了缓解里程焦虑，只要找到可用的充电桩，用户就会把电量充满。这也造成了人们心中电动汽车充电难、充电慢的印象。

家用汽车的使用场景是离散的，由一段一段的行程组成，而不像商用车那样需要长时间、高强度地持续行驶。例如，图 5.1-1a）所示是一辆家用汽车在一天中的行驶状态示例，坐标轴代表时间，区域 D1、D2 表示汽车在该时间处于行驶状态，空白部分表示汽车处于空闲状态。它在一天中有 D1、D2 两段行程，其他大量时间处于空闲状态。如果在行程 D1 中汽车电量不足，需要寻找附近充电站进行充电，那么充电过程会大幅增加第一段行程的时间，形成图 5.1-1b）所示的状态。图 5.1-1b）中区域 C 为充电占用的时间，它延长了 D1 的时间，挤压了其后的空闲时间，甚至会造成后续行程 D2 的延误，这是电动汽车用户里程焦虑的根本原因。如果在 D1 之后的空闲时间可以为汽车充电，那么就不必在行程途中占用大量时间把电量充满，而是只补充少量满足当前行程所需的能量，其余能量利用空闲时间补充，如图 5.1-1c）所示。充电需求被分为两部分，一部分是紧急需求，必须在行程途中停下来充电，即区域 C1，否则，汽车无法完成行程；另一部分能量需求不紧急，可以在汽车到达目的地后再补充，即区域 C2，不占用行程 D1 的时间。把这种利用行程间隙充电的方式称为弹性充电。

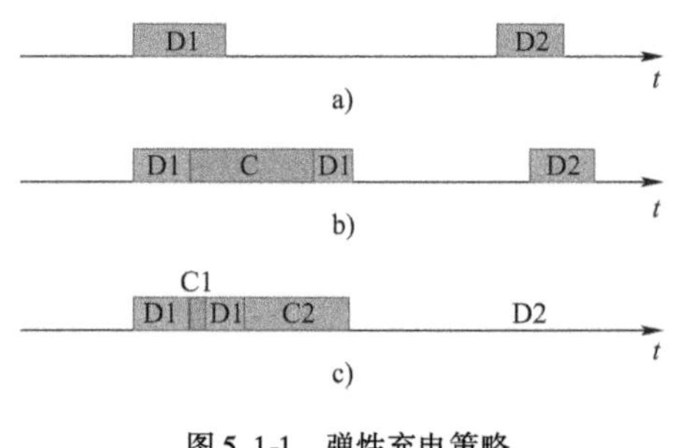

图 5.1-1 弹性充电策略

5.1.3.6　充电需求测算

充电需求估计是充电站规划问题的基础,充电需求的准确估计对充电站规划、电网布局、电力负荷管理具有重要意义。充电需求的准确估计主要取决于对电动汽车的出行模式、充电规律以及充电站充电服务的精准分析和建模。目前的充电需求估计和预测的研究方法可以从研究维度上分为两大类[7]。

(1)从充电站端进行研究,基于对充电站附近的交通流的分析,结合流体动力学交通模型、排队论模型、时间序列分析模型等数据模型对充电车辆的到达率、服务率进行建模进而估计出充电需求。

(2)从车端出发,基于停车、充电事件和行程链等出行相关数据,模拟电动汽车的出行和充电行为特征。在这些方法中,电动汽车用户的出行模式是充电需求研究的关键和基础。从车端的个体行为出发能够使模型支持精细的空间和时间分辨率,并能够支持丰富的充电场景设置和测试,例如逐年上升的电动汽车渗透率、动力蓄电池及充电技术发展水平和多种充电电价模式等。这类方法可以进一步分为两类,即基于出行特征的统计模型和基于活动模拟的模型。在基于出行特征的统计模型中,通常从国家、地区或城市的出行调查(不限于电动汽车)、社会统计年鉴和黄页中的人口、城市功能区信息等静态数据中提取所研究地区出行模式的统计参数及经验分布,如车辆保有量、出发时间、到达时间和行程时间等,并进一步使用这些参数来生成确定性或随机的车辆出行和充电模式,进而估算充电需求。在基于活动模拟的模型中,一般基于包含 O-D 信息在内的用户历史出行活动和日常充电规律模拟用户的停车、充电等决策行为或生成连续的行程链,从而使得模拟模型具备考虑个体用户的出行、充电习惯以及对不同充电策略偏好的能力。这类模型能够在不依赖于预定义的充电场景的情况下,通过模拟不同交通和收费政策(如分时电价和服务费)构建多样的充电场景,从而研究不同政策对充电和出行模式的影响,以及对未来充电场景进行合理预测。

5.2　双层规划模型求解方法

双层规划设计模型较为复杂,属于 NP 难问题,使用传统方法计算较为复杂,并且耗时过长,严重影响求解效率。然而智能优化算法在求解 NP 问题上具备很大的优势,如遗传算法、粒子群算法、基于机器学习的优化算法等;这些算法在求解离散变量问题上屡见不鲜。与此同时还有许多算法适用于交通均衡模型,如 Frank-Wolfe 算法、连续平均法、利用 GAMS 软件混合互补模块的算法等。下面将分别详细介绍双层规划模型中上层模型与下层交通均衡模型的求解方法。

5.2.1　上层模型求解方法

5.2.1.1　启发式算法

1)遗传算法

遗传算法(Genetic Algorithm,GA)是对达尔文生物进化论的简单模拟,其遵循“优胜劣汰”“适者生存”的自然选择原理,是一种通过模拟自然进化过程搜索全局最优解的方法,借助选择、交叉、变异等机制提高个体适应度,得到问题的最优解。遗传算法相关生物学术语见表 5.2-1。

遗传算法与生物学术语对照表　　表 5.2-1

生物学术语	遗传算法
基因	编码的分量特征
染色体	编码
个体	可行解
种群	可行解集
适应度	评价函数

遗传算法步骤如下。

(1)编码。编码实际上就是从解空间把问题的可行解转换到遗传算法的搜索空间。编码一般有 3 种方式,即符号编码方式、浮点数编码方式以及二进制编码方式。二进制编码方式中,每个自变量用 s 位二进制的子串表示,n 个问题用 $s \times n$ 表达,假设的取值范围在 $x_{\min}$: $x_{\max}$,则编码的区间为$[0,2^s]$。

(2)选择。选择就是以适应度高的个体为依据从群体中把父个体选择出来,并令其产生相应的后代,淘汰适应度低的个体。常用的选择方法主要有比例的变换、竞争的选择、稳态复制、排序、共享等。

(3)交叉。交叉是依照交叉概率将种群中的 2 个能够相互配对的父个体的部分结构按照某种特定的方式替换和重组形成 2 个新的个体。交叉的方法可以根据编码方法不同而变化,例如二进制编码进行的二进制交叉、实值编码进行的实值交叉等。在二进制交叉中又可以分为均匀交叉、单点交叉以及多点交叉。实值交叉通常有中间交叉、离散交叉、算术交叉等。

(4)变异。变异是根据某一个很小的概率随机地改变群体中个体的某些基因。依据个体编码表示方法的不同,变异方法也不同,如二进制编码中的 1 变成 0,0 变成 1。变异算法有 2 个重要作用:使遗传算法具有较强的局部随机搜索能力;使遗传算法能维持群体多样性,防止未成熟收敛的现象出现。

(5)终止条件。算法终止,即最优个体的适应度达到设定的阈值;最优个体的适应度以及群体适应度不再变化时;迭代次数达到预先设定的次数。

2)粒子群算法

粒子群优化算法(Particle Swarm Optimization,PSO)是一种进化计算技术(evolutionary computation),源于对鸟群捕食的行为研究。粒子群优化算法的基本思想是通过群体中个体之间的协作和信息共享来寻找最优解。粒子群优化算法术语对照表见表 5.2-2。

粒子群优化算法术语对照表　　表 5.2-2

鸟群觅食	粒子群优化算法
鸟群	搜索空间的一组有效解(即种群规模)
觅食空间	问题的搜索空间(维数 D)
飞行速度	解的速度向量 $v_i=[v_i^1,v_i^2,\cdots,v_i^D]$
所在位置	解的位置向量 $x_i=[x_i^1,x_i^2,\cdots,x_i^D]$
个体认知与群体合作	每个粒子 i 根据自身历史最优位置和群体的全局最优位置更新速度和位置
找到食物	算法结束,输出全局最优解

PSO 初始化为一群随机粒子(随机解)。然后通过迭代找到最优解。在每一次的迭代中,粒子通过跟踪两个“极值”(pBest,gBest)来更新自己。在找到这两个最优值后,粒子通过下面的公式来更新自己的速度和位置。

$$v_i=\omega\times v_i^d+c_1\times rand_1^d\times(\text{pBest}_i^d-x_i^d)+c_2\times rand_2^d\times(\text{gBest}_i^d-x_i^d) \tag{5.2-1}$$

$$x_i^d=x_i^d+v_i^d \tag{5.2-2}$$

式(5.2-1)、式(5.2-2)中,$i=1,2,\cdots,N$,其中 N 是此群中粒子的总数;ω 是惯性因子,一般初始化为 0.9,然后随着进化过程线性递减到 0.4;v_i^d 是粒子第 d 维的速度;$rand_1^d$ 和 $rand_2^d$ 是区间[0,1]之间的随机数;x_i^d 是粒子第 d 维的位置;c_1 和 c_2 是学习因子,通常 $c_1=c_2=2$;v_i 的最大值为 V_{max}(大于0),如果 v_i 大于 V_{max},则 $v_i=V_{max}$。

PSO 算法步骤如下。

(1)初始化所有粒子,即给它们的速度和位置赋值,并将个体的历史最优 pBest 设为当前位置,群体中的最优个体作为当前的 gBest。

(2)在每一代的进化中,计算各个粒子的适应度函数值。

(3)如果当前适应度函数值优于历史最优值,则更新 pBest。

(4)如果当前适应度函数值优于全局历史最优值,则更新 gBest。

(5)对每个粒子 i 的第 d 维的速度和位置,分别按照式(5.2-1)、式(5.2-2)进行更新。

3)适应多目标的改进算法

传统的遗传算法无法求解多目标优化问题,针对 GA 强大的并行搜索能力,Deb 提出了带精英策略的非支配排序遗传算法(NSGA-Ⅱ),在降低计算复杂度的同时引入精英策略,提高了优化结果的精度,并采用拥挤度和拥挤度比较算子克服了 NGSA 算法中需要人为指定共享变量的缺陷。NGSA-Ⅱ包括两个关键算子:快速非支配排序和拥挤距离计算。

(1)快速非支配排序。

假设当前种群大小为 P,需计算任意个体 P 的被支配个体的解集 N_P 和支配个体的解集 S_P,该算法的伪代码如下:

1:计算种群任意个体的 N_P 和 S_P 两个参数
2:将种群中满足 $N_P=0$ 的个体放入集合 F_1 中
3:for 个体 $i\in F_1$

4:for 个体 $l \in F_l$
5:$N_l = N_l - 1$
6:if $N_l = 0$
7:将个体保存在集合F_2中
8:end
9:end
10:end
11:重复以上步骤,直至种群等级全部划分完毕

(2)拥挤距离计算。

为克服 NSGA 需人为指定共享变量的缺陷,使得到的解在目标域内更加均匀,NSGA-Ⅱ算法引入拥挤度N_d概念,其算法如下:

1:令参数$N_d = 0, N \in 1,2,\cdots,N$
2:for 任意目标函数f_m
3:根据该目标函数对该等级的个体进行排序,记$f_m^{\max}$和$f_m^{\min}$为上下界
4:排序后,将边界个体的拥挤度1_d和N_d置为∞
5:根据公式$N_d = N_d + \frac{f_m^{N+1} - f_m^{N-1}}{f_m^{\max} - f_m^{\min}}$计算个体的拥挤距离
6:end

NGSA-Ⅱ具体步骤如下。

(1)编码与初始化种群。采用二进制编码方式对染色体编码,染色体长度为 $V+M$,V 表示候选充电点个数,取值为 0 或 1;M 表示目标函数个数,如在 6 个候选充电点中将第点 1、4、6 选为充电站,由此得到的目标函数值分别为g_1和g_2,即编码$(1,0,0,1,0,1,g_1,g_2)$。根据编码规则随机生成规模为 N 的种群。

(2)快速非支配排序。

①找出种群中$N_P = 0$ 的个体,将其保存在集合F_1中,将其染色体第 $V+M+1$ 列赋值为 1;

②考察集合F_1中个体 i 所支配的集合S_i中的所有个体,执行操作$N_l = N_l$-1,若$N_l = 0$,则将该个体保存在集合F_l中,将其染色体第 $V+M+1$ 列赋值为 l;

③重复以上操作,直至所有个体都被分配到相应的集合中。

(3)拥挤度计算。

①按目标函数值对每层的个体进行排序;

②找出各层中目标函数值为最大和最小的个体,将其染色体第 $V+M+2$ 列赋值为 inf,计算各层个体的拥挤度,并将计算结果赋值到染色体的第 $V+M+2$ 列。

(4)遗传操作。

①锦标赛选择法。从当前种群中随机选出两个个体,比较个体的等级和拥挤距离,选择等级低、拥挤距离大的个体,若个体等级和拥挤距离相同则随机选择一个个体,重复此步骤,直至新的种群规模达到$\frac{N}{2}$。

②均匀交叉。从选择操作产生的新种群中随机选择两个个体进行交叉操作得到新的个体。

③变异。根据变异概率,对染色体上每个基因进行考察,产生新的个体。

(5)重组。将(3)、(4)得到的种群合并,重复以上操作直至算法终止,得到当前解为Pareto最优解。

5.2.1.2　基于机器学习的优化算法

该算法将机器学习和优化问题结合(以下简称为ML-OP算法),它也属于启发式算法,算法的求解核心思路为采用多元线性回归和整数线性规划迭代求解双层问题。具体步骤为:首先,设置初始可行的解;然后,基于可行解求解交通分配问题(下层问题),并且计算上层问题的目标函数;其次,将目标函数与决策变量进行回归,并校正决策变量的系数。基于以上求解的系数再求解整数线性规划(Integer Linear Programming,ILP),为下一次迭代找到新的可行决策变量,基于更新的解求解下层问题,并对更新后的数据应用新的回归。最后,根据迭代次数判断是否跳出循环,最大迭代次数是用户自行设置的参数。它的算法流程如下。

(1)初始化,令迭代次数$i=0$,设置最大迭代次数$i_{\max}$,令$y_a^0=0$;

(2)基于可行解y_a^i,求解下层交通分配问题,并将所求值返回至目标函数Z^i;

(3)计算y_a^k以及相应Z($k=1,\cdots,i$),并校准新的多元回归函数Z^i;

(4)基于当前的y_a^i和Z^i,更新线性近似目标函数及ILP中的约束条件;

(5)如果$i=i_{\max}$,则停止计算并返回最优解;否则,继续求解更新的ILP问题,返回新的可行解y_a^{i+1},令$i=i+1$,返回至步骤1。

该算法适用于大规模网络,并且可以快速收敛到局部最优,它的数学表达如下所示[8]:

$$\bar{Z} = \sum_{a\in A'} b_a y_a + \bar{b}\sum_{a\in A'} c_a y_a + b_0 \times 1 \tag{5.2-3}$$

式中:$\bar{Z}$——双层规划模型上层目标函数的线性近似值;

y_a——一个二进制决策变量($a\in A'$),1表示建设,0表示不建设;

b_a、$\bar{b}$、b_0——需要校准的参数,其中b_a表示每项工程的权重,由于这是一个最小化问题,因此权重越低,则相应项目选择的实施机会就越大;

c_a——项目的工程造价。式中第二项的含义是将总预算视为额外的解释变量,以提高回归模型的适用性。b_0是一个偏差项,可以更好地拟合训练数据。

$$(\text{ILP})\ \bar{Z} = \sum_{a\in A'} b_a y_a + \bar{b}\sum_{a\in A'} c_a y_a \tag{5.2-4}$$

$$\sum_{a\in A'} c_a b_a \leqslant B \tag{5.2-5}$$

$$\sum_{a \in Y_1^K} y_a + \sum_{a \in Y_0^K} y_a \leqslant |Y_1^k| - 1 \tag{5.2-6}$$

$$Y_1^k = \{a \mid Y_a^k = 1\}, Y_0^k = \{a \mid Y_a^k = 0\} \qquad k = 1 \cdots i \tag{5.2-7}$$

ILP 的结果是 y^{i+1}，它是下一次迭代 $i+1$ 的新的可行决策变量（i 代表迭代次数）。式(5.2-7)确保每一次迭代产生新的二进制变量，Y_1^k、Y_0^k 表示取值为 1 和 0 的备选项目，为了获得下一次迭代 y^{i+1} 的一组新的决策变量，不满足式(5.2-7)约束的解决方案将被剔除。B 表示预算。

5.2.2 下层模型求解方法

Beckmann 在 1956 年将 UE 交通分配问题转换为线性规划问题数学模型后，大量交通学者试图构建简单高效的算法快速获取大规模路网的配流，由此形成了一系列丰硕的研究成果。从路段层面出发，1956 年 Frank 和 Wolfe 两位学者首次提出了求解凸优化问题的算法，即 Frank-Wolfe(F-W)算法，研究发现该算法十分适合求解交通分配问题，其建模简单，也十分容易理解，至今依旧被广泛用于路网交通配流问题。后续有不断学者对其进行改进，提出了其他的求解方法。连续平均法也被广泛用于各类交通分配求解。求解混合交通分配问题可以将其转换为变分不等式(VI)，然后利用连续算法、牛顿型算法、一般迭代算法和投影算法等求解。下面介绍最常用的 F-W 算法、连续平均算法等。

(1)Frank-Wolfe 算法：该算法以 0-1 分配为基础，通过重复确定搜索最优步长和最速下降方向用逼近平衡解，基本思路步骤如下[9]。

步骤 0：初始化。根据各路段自由行驶时间进行 0-1 分配，将交通需求分配至交通网络各路段中，得到初始解 $\{x_a^1\}$。令迭代次数 $n=1$，计算路阻 $c_a^0 = c_a(0)$，$\forall a \in A$。

步骤 1：计算道路阻抗。按照当前各路段的交通量 x_a^n，计算各路段的路阻，$c_a^n = c_a(x_a^{n-1})$，$\forall a \in A$。

步骤 2：搜索可行方向。按照步骤 1 求得的道路阻抗和 OD 交通量进行 0-1 分配得到各路段的附加交通量 $\{y_a^n\}$。

步骤 3：基于一维极值问题求解下式获取步长 λ^n。

$$\sum_a (y_a^n - x_a^n) t_a [x_a^n + \lambda^n (y_a^n - x_a^n)] = 0 \qquad 0 \leqslant \lambda^n \leqslant 1 \tag{5.2-8}$$

步骤 4：更新流量。

$$x_a^{n+1} = x_a^n + \lambda^n (y_a^n - x_a^n) \qquad \forall a \tag{5.2-9}$$

步骤 5：如果 x_a^n 已满足收敛精度要求，即 $\mathrm{RG} < \varepsilon$，则停止计算，$x_a^n$ 为最终分配结果；否则，令 $n = n+1$，返回步骤 1。

$$\mathrm{RG} = \frac{\sqrt{\sum_a (x_a^n - x_a^{n-1})^2}}{\sum_a x_a n} \leqslant \varepsilon \tag{5.2-10}$$

F-W 算法的优势是：①在交通分配问题中，F-W 算法中搜索方向求解很简单，搜索方向等价于寻找最短路问题，因此，同可应用于大规模路网配流；②F-W 算法是一种既严格又实用的算法,数学逻辑性强。

F-W 算法的缺陷是:①当逼近最优解时,搜索方向将垂直于目标函数在点 x_a^n 的梯度,导致算法后期迭代收敛速度较为缓慢;②收敛速度受初始解、道路网络和交通需求的影响。

(2)连续平均法:MSA(Method of Successive Average)是一种介于增量分配和均衡分配之间的一种循环分配方法,通过不断调整各路段分配的流量而逐渐接近平衡分配结果。具体计算步骤如下。

步骤0:初始化,根据各路段自由流行驶时间进行全有全无分配,得到初始解 x_a^0,令迭代次数为0,路阻函数$c_a^0 = c_a(0)$,$\forall a \in A$。

步骤1:令 $n = n + 1$,按照当前各路段的交通量x_a^{n-1}计算各路段的路阻,$c_a^n = c_a(x_a^{n-1})$,$\forall a \in A$。

步骤2:按照步骤1求得的行驶时间和 OD 交通量进行 0-1 分配得到各路段的附加交通量F_a^n。

$$F_a^n = \sum_r \sum_s \sum_k g_k^{rs} \delta_{a,k}^{rs} \tag{5.2-11}$$

$$g_k^{rs} \geqslant 0 \qquad \forall k, r, s \tag{5.2-12}$$

其中,g_k^{rs} 为附加路径交通量,$\delta_{a,k}^{rs}$为 0-1 变量。

步骤3:计算各路段当前交通量 x_a^n。

$$x_a^n = (1 - \xi) + \xi F_a^n \qquad 0 \leqslant \xi \leqslant 1 \tag{5.2-13}$$

步骤4:如果x_a^n满足精度要求或者达到设定的最大循环次数,则停止计算,x_a^n为最终分配结果;否则返回步骤1。

MSA 算法的优势是:①简单实用,易于理解;②接近平衡解,如果系数严格按照数学规划模型取值时,可得到平衡解;③即可求解非均衡交通分配也适用于均衡分配。

MSA 算法的缺陷是:①收敛速度较慢,影响其在大规模路网中的应用;②传统 MSA 算法每次迭代的步长是相同的,在迭代初始值时较大,但在接近最优解时,由于迭代步长过小,导致收敛速度急剧下降;③算法的迭代步长直接影响收敛速度。

(3)利用 GAMS 软件的求解方法。

首先,GAMS 软件是一个数学规划与优化的高级建模系统软件。它由一个语言编译器和一系列相关的求解器组成。GAMS 建模语言允许建模者快速地将现实世界的优化问题转化为计算机代码。然后,GAMS 语言编译器将这些代码翻译成求解器可以理解和求解的格式。该体系结构提供了极大的灵活性,允许在不更改模型公式的情况下更改所使用的求解器。它较适用于建模线性、非线性和混合整数优化问题。GAMS 软件内部嵌入了许多模型,如线性规划问题模型、非线性规划问题模型以及混合互补问题模型。

利用 GAMS 软件进行求解交通网络均衡的基本步骤实现较为简单,首先便是需要将基本的交通网络均衡分配模型转化为非线性互补问题(Nonlinear Complementarity Problem, NCP)格式,再利用混合互补问题(Mixed Complementarity Problem,MCP)模块进行求解。它的优点是避开复杂的算法编写,将使用者的目光更多地聚焦到模型上而非算法上,为各类优化问题的求解带来极大便利,并且适用于大规模路网求解,求解速度较快。

5.3 案例分析

前面两节已经对双层规划模型以及求解方法作了详细的介绍。下面将从实际出发,以新能源基础设施的优化部署为总目标,建立双层规划模型从而实现对路网服务区选址定容。

5.3.1 充电基础设施选址模型

5.3.1.1 充电设施选址双层规划模型

本节上层目标函数是最小化系统总出行时间(Total System Travel Time,TSTT),即 $\text{TSTT} = \sum_{a\in A'} t_a x_a$,$t_a$ 指的是路段 a 上的出行时间,x_a 表示的是路段 a 上的流量,在充电设施方面考虑了多类型的充电设施,包括充电站和充电道路。

充电站用 v_n 表示,这是一个0-1变量,表示节点 n 是否设置充电站;充电道路用 u_a 表示,其也是一个0-1变量,表示是否在路段 a 上设置充电道路,所以 v_n、u_a 满足以下条件:

$$v_n = \{0,1\} \qquad \forall n \in N \tag{5.3-1}$$

$$u_a = \{0,1\} \qquad \forall a \in A \tag{5.3-2}$$

在交通规划建设项目中很多都是采用建设-运营-移交(Build-Operate-Transfer,BOT)以及政府部门和私营部分合作(Public-Private Partnership,PPP)模式,通过和私营部门结合,获取项目建设的资金,以缓解地区政府的财政压力以及减少政府融资平台负债率。在充电设施选址规划中,政府也可以积极探索这种模式,通过多方融资来建设充电设施。总体来看,充电站的成本和充电站里面充电桩的数量有关,充电桩数量越多,充电站建设成本就越高;充电道路成本和路段长度有关系,路段长度越长,建设充电道路成本就越高。在本节中,用 γ_n 表示在节点 n 设置充电站的成本;μ_a 表示在路段 a 上设置充电道路的成本,B 表示财政预算,因此,设置充电设施的总成本满足:

$$\sum_{n\in N} \gamma_n v_n + \sum_{a\in A} \mu_a u_a \leqslant B \tag{5.3-3}$$

由此,建立充电设施双层规划选址模型如下[10]:

上层模型:

$$\min \text{TSTT}(x) \tag{5.3-4}$$

$$\sum_{n\in N} \gamma_n v_n + \sum_{a\in A} \mu_a u_a \leqslant B \tag{5.3-5}$$

$$v_n = \{0,1\} \qquad \forall n \in N \tag{5.3-6}$$

$$u_a = \{0,1\} \qquad \forall a \in A \tag{5.3-7}$$

下层模型:

$$\min z(x) = \sum_{a\in A} \int_0^{x_a = \sum_m x_{a,m}} t_a(x)\,\mathrm{d}x \tag{5.3-8}$$

$$q_m^{rs} = \sum_{k\in W_{rs}} f_{k,m}^{rs} \tag{5.3-9}$$

$$(l_k^{rs,pq} - L_m) \cdot f_{k,m}^{rs} \leqslant 0 \tag{5.3-10}$$

$$f_{k,m}^{rs} \geqslant 0 \tag{5.3-11}$$

$$x_a = \sum_{(r,s)\in Z^2} \sum_{k\in W_{rs}} \sum_{m\in M} \delta_{a,k}^{rs} \cdot f_{k,m}^{rs} \tag{5.3-12}$$

$$l_k^{rs,pq} = \sum_{(i,j)\in A} \delta_{a,k}^{rs} \cdot l_a \tag{5.3-13}$$

$$q^{rs} = \sum_{m\in M} q_m^{rs} \tag{5.3-14}$$

式中：$t_a(x)$——路段 a 的交通阻抗；

x_a——通过路段 a 的交通流量；

$x_{a,m}$——通过路段 a 上 m 类型车辆的交通流量；

q_m^{rs}——m 类型车辆通过 OD 对 rs 间的交通量；

$f_{k,m}^{rs}$——m 类型车辆通过 OD 对 rs 间第 k 条路径上的流量；

$l_k^{rs,pq}$——OD 对 rs 间第 k 条路径上的相邻充电站 pq 间的距离；

L_m——m 类型车辆的最大里程约束；

$\delta_{a,k}^{rs}$——0-1 变量，判断路段 a 是否在第 k 条路径上的 0-1 变量，若路段 a 在第 k 条路径上，$\delta_{a,k}^{rs}=1$，否则 $\delta_{a,k}^{rs}=0=0$；

l_a——路段长度。

式(5.3-8)是模型目标函数，式(5.3-9)表示 OD 对间各路径交通流量与交通总量的守恒条件，式(5.3-10)保证了 m 类型车辆的所有使用路径必须满足该路径中包含的每条子路径长度不超过其特定的行驶里程约束，式(5.3-11)为流量非负条件。

5.3.1.2　数值实验

本节选取 Nguyen-Dupuis 网络进行数值实验，该网络一共包括 13 个节点、19 条路段以及 4 个 OD 对，分别是 1-2，1-3，4-2，4-3，其出行需求分别是 600、1200、900、300 辆车，网络结构具体如图 5.3-1 所示。各个路段长度、容量以及零流时间见表 5.3-1。假设纯电动汽车、燃油汽车用户的比例分别是 75%、25%，3 种不同安全电量纯电动车用户比例都是 1/3。参考相关文献，纯电动汽车的最大行驶里程是 29 ~ 36mile，考虑到纯电动汽车蓄电池容量技术的进步以及计算的简便，本文选取的纯电动车最大里程统一为 40mile，安全电量分别是 0.05L、0.1L、0.15L，其中 L 表示最大行驶里程。

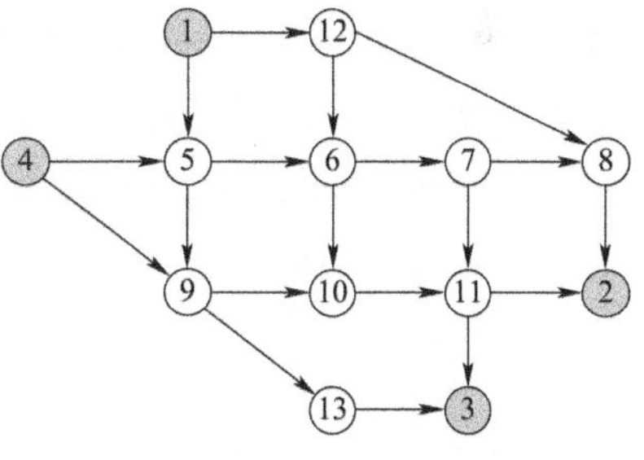

图 5.3-1　Nguyen-Dupuis 网络

Nguyen-Dupuis 网络基本属性　　表 5.3-1

路段	自由流时间(min)	距离(mile)	流量(veh/h)
1,5	7	7	500
1,12	9	9	500
4,5	9	9	500
4,9	14	14	400

续上表

路段	自由流时间(min)	距离(mile)	流量(veh/h)
5,6	3	3	500
5,9	9	9	500
6,7	5	5	500
6,10	10	10	500
7,8	5	5	500
7,11	9	9	500
8,2	9	9	500
9,10	10	10	500
9,13	10	10	400
10,11	6	6	500
11,2	9	9	500
11,3	8	8	500
12,6	4	4	500
12,8	10	10	400
13,3	11	11	500

5.3.1.3 不考虑充电站容量的配流结果

有充电设施的情况下,电动汽车可以在中途选择合适的充电设施进行充电。充电站和普通的加油站类似,每个充电站设置了很多的充电桩,电动汽车可以选择闲置的充电桩进行充电。本节考虑的是 Nguyen-Dupius 网络,在节点7 和9 设置了充电站,网络图如图5.3-2 所示。在充电时间方面,假设每个充电站时间是固定的,都为5min,充电时间由两部分构成,第一部分是固定为5min,第二部分和充电量正相关。参考相关文献对 Nguyen-Dupius 网络进行转换,例如节点7 有充电站,路段(6,7)中尾结点是7,也就是路段(6,7)的尾节点是充电站,于是从路段(6,7)的起始节点6 引出路段(6,67a)、(67a,67b)、(67b,7),其中路段(6,67a)和路段(67b,7)是虚拟路段,不存在出行成本,路段(67a,67b)和路段(6,7)有相同的长度,则路网 OD 对之间所有路径见表5.3-2。

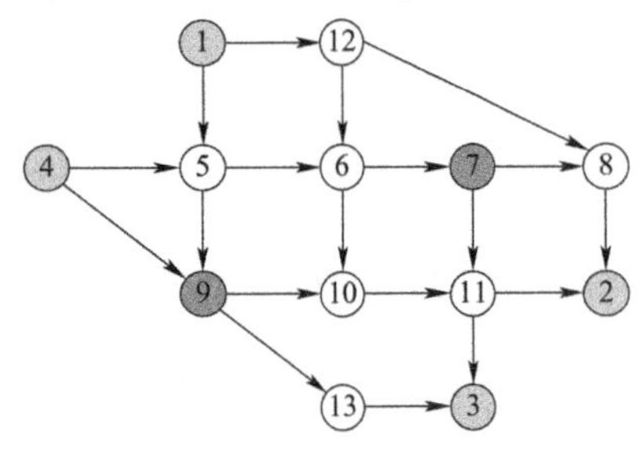

图5.3-2 设置充电站的 Nguyen-Dupuis 网络

该算例中路段行驶时间通过 BPR 函数计算得到,$t_a(x_a) = t_a^0\left[1 + \alpha \cdot \left(\frac{x_a}{c_a}\right)^\beta\right]$,其中 t_a^0 表示零流时间,c_a 表示路段容量,x_a 表示路段上流量,在本例中,α 取值为0.15,β 取值为4。通过 python 软件进行代码编译求解,得到的配流结果见表5.3-3。

虚拟路网所有路径列举　表5.3-2

OD对	路径	长度(mile)	节点	OD对	路径	长度(mile)	节点
1-2	1	29	1-5-6-7-8-2	1-3	14	32	1-5-6-7-11-3
	2	33	1-5-6-7-11-2		15	34	1-5-6-10-11-3
	3	35	1-5-6-10-11-2		16	32	1-5-6-67a-67b-7-11-3
	4	29	1-5-6-67a-67b-7-8-2		17	40	1-5-9-10-11-3
	5	33	1-5-6-67a-67b-7-11-2		18	37	1-5-9-13-3
	6	41	1-5-9-10-11-2		19	40	1-5-59a-59b-9-10-11-3
	7	41	1-5-59a-59b-9-10-11-2		20	37	1-5-59a-59b-9-13-3
	8	32	1-12-6-7-8-2		21	35	1-12-6-7-11-3
	9	36	1-12-6-7-11-2		22	37	1-12-6-10-11-3
	10	38	1-12-6-10-11-2		23	35	1-12-6-67a-67b-7-11-3
	11	32	1-12-6-67a-67b-7-8-2	4-3	33	34	4-5-6-7-11-3
	12	36	1-12-6-67a-67b-7-11-2		34	36	4-5-6-10-11-3
	13	28	1-12-8-2		35	34	4-5-6-67a-67b-7-11-3
4-2	24	31	4-5-6-7-8-2		36	42	4-5-9-10-11-3
	25	35	4-5-6-7-11-2		37	39	4-5-9-13-3
	26	37	4-5-6-10-11-2		38	42	4-5-59a-59b-9-10-11-3
	27	31	4-5-6-67a-67b-8-2		39	39	4-5-59a-59b-9-13-3
	28	35	4-5-67a-67b-11-2		40	38	4-9-10-11-3
	29	43	4-5-9-10-11-2		41	35	4-9-13-3
	30	43	4-5-59a-59b-9-10-11-2		42	38	4-49a-49b-9-10-11-3
	31	39	4-9-10-11-2		43	35	4-49a-49b-9-13-3
	32	39	4-49a-49b-9-10-11-2				

配流结果　表5.3-3

路段	GV	EV1	EV2	EV3
1,5	299	259	30	300
1,12	151	191	420	150
4,5	0	225	210	248
4,9	300	75	75	0
5,6	0	225	240	548
5,9	299	259	0	0
6,7	0	0	480	391
6,10	1	266	30	157

续上表

路段	GV	EV1	EV2	EV3
7,8	0	0	74	173
7,11	0	0	406	218
8,2	150	150	224	323
9,10	308	12	15	52
9,13	291	322	75	0
10,11	309	278	45	209
11,2	225	225	151	52
11,3	84	53	300	375
12,6	1	41	270	0
12,8	150	150	150	150
13,3	291	322	75	0
4,49a	0	0	15	51
49a,49b	0	0	15	51
49b,9	0	0	15	51
5,59a	0	0	0	0
59a,59b	0	0	0	0
59b,9	0	0	0	0
6,67a	0	0	0	0
67a,67b	0	0	0	0
67b,7	0	0	0	0

从表5.3-3中可以看出，在考虑中途充电的情况时，燃油汽车用户在路段(4,5)、(5,6)、(6,7)、(7,8)和(7,11)上的流量为0，由于燃油汽车用户不存在里程焦虑的问题，所有的路径都是可以选择的路径，因此，这些路段上流量为0是由于经过这些路段的路径不是OD对之间最小出行时间的路径。对于纯电动汽车用户来说，满足安全电量约束的路径才是有效的，因此，路段上流量为0可能是里程限制的原因，也可能是因为经过这条路段的路径不是OD对之间最小出行时间的路径。例如对于安全电量为0.15L的纯电动汽车用户而言，经过路段(9,13)的路径有6条，其中有3条是可选择的路径，但是这些路径都不是OD对之间最小出行时间的路径，因此，路段(9,13)上的流量为0。OD对之间不同车型路径流量及成本见表5.3-4。

根据表5.3-4，在考虑中途充电的情况下，燃油汽车用户在OD对1-2之间都选择路径13出行，路径13的流量是150辆车，成本是61.69元；燃油车用户在OD对1-3之间选择的路径是17、18、22，出行成本是68.58元；在OD对4-2之间燃油车用户都选择路径31出行，路径31的流量是225辆车，成本是56.45元；燃油汽车用户在OD对4-3之间选择的路径是

40、41，出行成本是 59.88 元。

燃油车用户 OD 对之间路径流量及成本　　表 5.3-4

OD 对	路径	流量	成本(元)	OD 对	路径	流量	成本(元)
1-2	13	150	61.69	1-3	17	72	68.58
					18	227	68.58
4-2	31	225	56.45		22	1	68.58
	—	—	—	4-2	40	12	59.88
	—	—	—		41	63	59.88

从表 5.3-5 中可以看出，在考虑中途充电的情况下，三类不同安全电量的纯电动汽车用户在 OD 对 1-2 及 1-3 之间选择路径的出行成本和燃油汽车是一样的，在 OD 对 4-2 之间虽然路径 31 是出行时间最小的路径，但是对于三类电动车用户来说都是无效路径，因此，三类纯电动汽车用户都不会选择该条路径，纯电动汽车用户在 OD 对 4-2 之间的成本高于燃油汽车用户。对于第三类也就是安全电量为 0.15L 的纯电动车用户，在 OD 对 4-3 之间选择的路径是 33，虽然路径 40 及路径 41 上的成本更低，但是对于该类用户来说是无效的，也就是在安全电量的约束下，出行的成本比其他纯电动汽车用户更高。

三类纯电动汽车用户 OD 对之间路径流量及成本　　表 5.3-5

OD 对	路径	流量	成本(元)	OD 对	路径	流量	成本(元)
一类							
1-2	13	150	61.69	1-3	18	259	68.58
4-2	26	225	61.45		22	41	68.58
				4-3	40	12	59.88
					41	63	59.88
二类							
1-2	13	150	61.69	1-3	15	30	68.58
4-2	24	74	61.45		21	270	68.58
	25	136	61.45	4-3	41	75	59.88
	32	15	61.45				
三类							
1-2	13	150	61.69	1-3	14	143	68.58
4-2	24	173	61.45		15	157	68.58
	32	52	61.45	4-3	33	75	64.88

为了进一步分析不同车型以及纯电动汽车用户安全电量差异对于交通网络的影响，本书进一步比较了不同出行者比例对于系统总出行成本的影响，具体如图 5.3-3 所示。

图 5.3-3 反映的是纯电动汽车和燃油汽车用户不同比例对于系统总出行成本的影响，横坐标代表的是纯电动汽车和燃油汽车用户不同比例，例如[10%，30%，30%，30%]代表燃

油汽车用户、三种类型安全电量的纯电动汽车用户的比例分别是10%、30%、30%和30%。在出行需求保持不变的情况下，从车型上看，随着燃油汽车用户比例提升，系统总出行逐渐降低；从安全电量上看，随着安全电量低的纯电动汽车用户比例降低，系统总出行成本逐渐增加。总体来说，不同车型以及不同安全电量的用户比例都会对系统总出行成本产生影响。

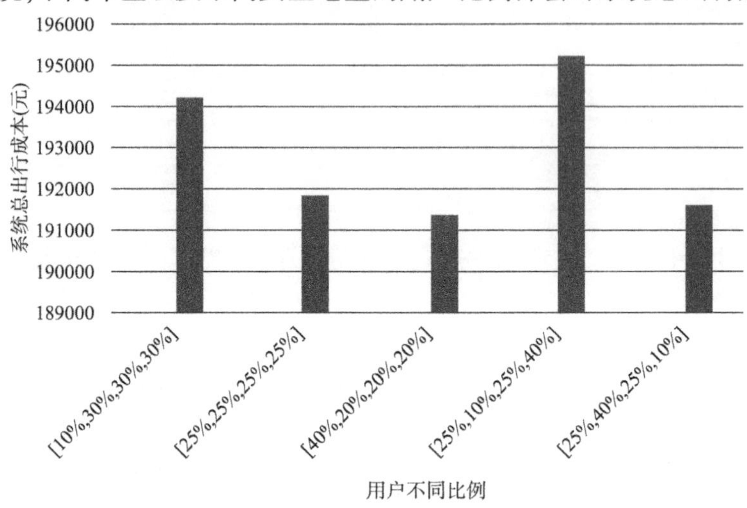

图5.3-3　纯电动汽车与燃油汽车用户在不同比例对于系统总出行成本的影响

5.3.1.4　考虑充电站容量的配流结果

一般来说，充电站内的充电桩越多，能服务的纯电动汽车数量就越多，纯电动汽车用户在充电站等待的成本也就越低，但是充电站的维护成本也会相应地增加，因此，需要在充电站的维护成本以及提供的服务水平之间进行权衡。基于成本效益的原则，假设每个充电站的容量都是40辆车。通过使用Python进行求解算法编译，得到配流结果见表5.3-6。

配流结果　　表5.3-6

路段	没有容量约束	有容量约束	
	路段流量	路段流量	等待时间
1,5	888	886	0
1,12	912	914	0
4,5	684	710	0
4,9	450	450	0
5,6	1014	1020	0
5,9	558	576	0
6,7	872	873	0
6,10	454	461	0
7,8	248	248	0
7,11	624	625	0
8,2	848	848	0

续上表

路段	没有容量约束	有容量约束	
	路段流量	路段流量	等待时间
9,10	386	378	0
9,13	688	688	0
10,11	840	840	0
11,2	652	652	0
11,3	812	812	0
12,6	312	314	0
12,8	600	600	0
13,3	688	688	0
4,49a	66	40	0
49a,49b	66	40	2.17
49b,9	66	40	0
5,59a	0	0	0
59a,59b	0	0	2.17
59b,9	0	0	0
6,67a	0	0	0
67a,67b	0	0	0
67b,7	0	0	0

从表5.3-6中可以看出，由于路段(4,49a)、(49b,9)、(5,59a)、(59b,9)、(6,67a)、(67b,7)都是虚拟路段，不存在容量约束的问题。在没有容量约束的情况下，整个路网中有66辆车选择在路段(49a,49b)上充电，路段(59a,59b)和路段(67a,67b)上没有车辆进行充电；在充电站容量约束为40辆车的情况下，路段(49a,49b)和路段(59a,59b)上的充电站9达到饱和状态，因此产生了排队延迟，等待时间是2.17。在充电设施利用上，在没有容量约束的情况下，安全电量类型为1类的纯电动汽车用户没有充电，安全电量类型为2类的纯电动汽车用户中有15人选择在路段(49a,49b)上充电，安全电量类型为3类的纯电动汽车用户中有51人选择在路段(49a,49b)上充电；在充电站容量约束为40辆车的情况下，部分纯电动汽车用户选择不充电，最后在路段(49a,49b)上进行充电的纯电动汽车数量为40。

充电站设置不同容量约束对于系统总成本以及等待时间的影响如图5.3-4所示。

根据图5.3-4可以看出，随着充电站容量增加，系统总出行成本减少，等待时间也逐渐减少，而且等待时间下降幅度更大。总体来说，充电站容量增加有利于降低总出行成本和等待的成本，但是充电站容量增加也意味着更高的维护和建设成本，因此，交通管理决策者需要在总出行成本以及建设、维护成本之间权衡，在合理预算范围内改善交通出行。

5.3.1.5　充电设施选址结果

政府的预算水平是相对有限的，因此，需要考虑资源的最佳利用的问题。城市网络规划探索的是如何在既定的预算金额下，选择适当的交通网络规划方案对交通网络性能进行优化和改进。在不同预算金额下，城市网络规划方案会存在差异，因此，我们可以通过构建充电设施选址模型，得出不同预算金额下的充电设施选址方案。这样交通管理者可以在既定的预算水平下，选择适当的充电设施选址，来改善交通网络的性能以及降低驾驶人的出行成本。

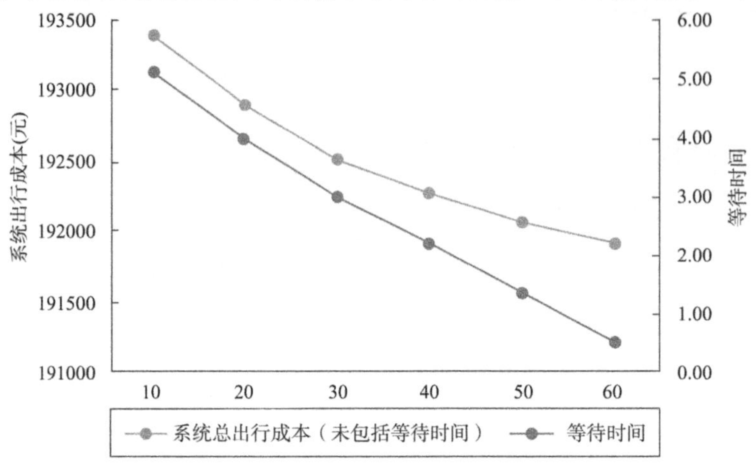

图 5.3-4 不同充电站容量对于系统总成本以及等待时间的影响

本节综合考虑了充电站以及充电道路的选址，根据相关文献并结合实际情况，假设设置一个充电站的成本是 800 万元，充电道路的成本是 200 万元/mile。显然，充电道路的成本和道路的长度有关，道路越长，设置充电道路的成本越高。

本节首先利用 Nguyen-Dupius 网络进行实验，模型的求解是基于遗传算法，使用 Python 进行编译算法求解。考虑到起始点，也就是节点 1、2、3、4 一般都设有充电设施，因此，充电站可供选择的站点有 5、6、7、8、9、10、11、12、13，一共 9 个站点，分别编号为 1 ~ 9；整个路网中路段共有 19 条，因此，充电道路可供选择的位置有 19 个，分别编号为 10 ~ 28，染色体上基因取值范围为[0,28]。0 表示不设置充电设施，1 ~ 9 表示设置充电站，10 ~ 28 表示设置充电道路，例如，染色体为[0,16]表示只在路段(6,7)上设置充电道路，算法中的相关参数根据相关文献设置。

在预算水平为 2000 万元时，充电站的可供选择的位置有节点 5、6、7、8、9、10、11、12、13；充电道路可供选择的位置是所有路段，具体迭代过程如图 5.3-5 所示。可以看出，在染色体上基因为[14,23]时达到最优状态，根据染色体基因的编译规则，得出在预算水平是 2000 万元时，最优的选址方案是路段(5,6)、路段(10,11)。

为了进一步分析政府预算水平对交通网络的影响，使用 Sioux-Falls 网络进行了数值实验。在考虑交通配流的文章中，不少作者都使用 Sioux-Falls 网络进行实验，本书中 Sioux-Falls 网络包括 24 个节点、38 条路段，OD 对起点是节点 1、2、4、5，终点是节点 20、21、24。出行需求都是 280 辆车，路网结构如图 5.3-6 所示，路网中具体的路段长度、零流时间和路段容量见表 5.3-7。在本节中，结合纯电动汽车蓄电池容量技术的进步和实际情况，纯电动汽车的最大行驶里程是 80mile，三种电动车用户安全电量分别是 0.05L、0.1L、0.15L，其中 L 表示最大行驶里程。

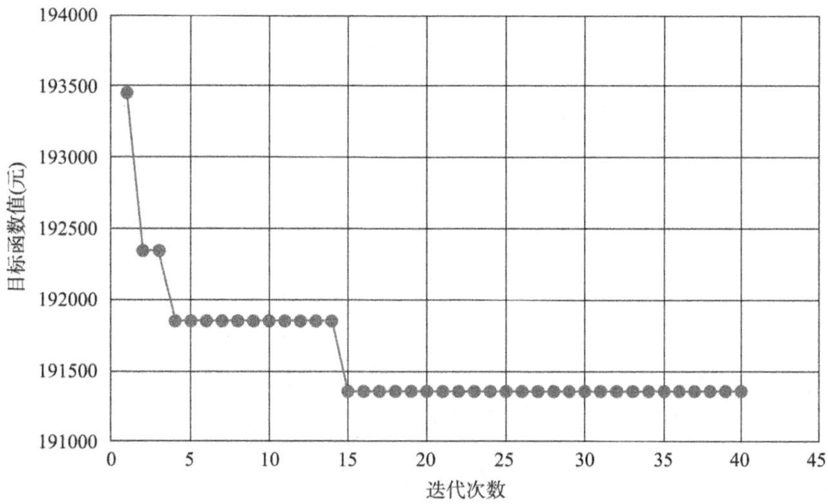

图 5.3-5 预算水平为 2000 万元时目标函数值迭代变化

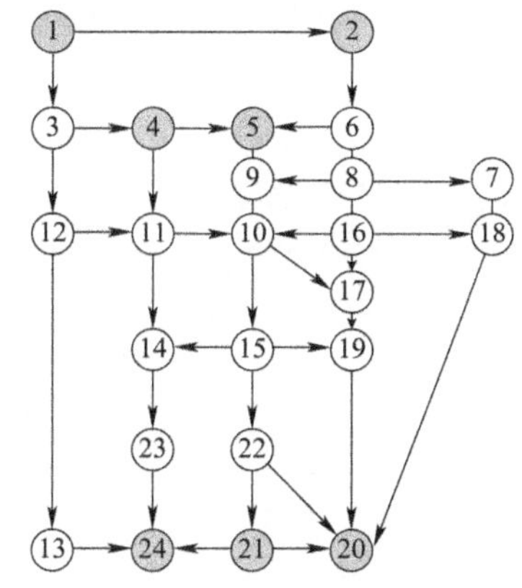

图 5.3-6 Sioux-Falls 网络

Sioux-Falls 网络

表 5.3-7

路段	流量(veh/h)	自由流时间(min)	距离(mile)
1,2	401	13.58	5.66
1,3	601	27.2	11.33
2,6	1061	33.98	14.16
3,4	2281	11.32	4.72
4,5	1883	11.32	4.72
5,6	924	13.58	5.44
3,12	3121	27.2	11.33
4,11	603	28.02	11.74
5,9	701	11.18	4.07
6,8	2626	22.66	9.44
9,10	1855	22.66	9.44

续上表

路段	流量(veh/h)	自由流时间(min)	距离(mile)
8,16	673	13.58	14.16
7,18	3121	13.58	5.66
8,9	673	22.66	9.44
7,8	1045	20.4	19.82
12,11	655	40.78	16.99
11,10	1333	33.98	14.16
16,10	685	33.98	14.16
16,18	2626	20.4	8.5
12,13	3453	20.4	8.5
11,14	650	23.56	9.83
10,15	1801	40.78	16.54
10,17	666	47.56	33.53
16,17	697	13.58	5.66
17,19	643	13.58	5.66
14,15	684	33.98	14.16
15,19	643	27.2	11.33
14,23	657	23.56	9.83
15,22	1375	27.2	11.33
19,20	667	27.2	11.33
23,22	667	11.18	3.5
22,20	677	33.98	14.16
23,24	677	11.18	3.5
22,21	697	13.58	5.66
24,13	759	27.2	11.33
21,24	651	20.4	8.5
21,20	675	13.58	5.66
18,20	541	27.2	11.33

模型的求解是基于遗传算法,使用 Python 进行编译求解。考虑到起始点也就是节点 1、2、4、5、20、21、24 一般都设有充电设施,因此,充电站可供选择的站点有 3、6、7、8、9、10、11、12、13、14、15、16、17、18、19、22、23,一共 17 个站点,分别编号为 1 ~ 17;整个路网中路段共有 38 条,因此,充电道路可供选择的位置有 38 个,分别编号为 18 ~ 55。

在政府预算为 3700 万元的情况下,具体的迭代过程如图 5.3-7 所示。

从图 5.3-7 中可以看出,当预算水平为 3700 万元时,迭代次数在 20 次以内基本收敛,迭代次数在 39 次时有稍微下降，之后目标函数值不再变化。总体来说，算法收敛速度较快，能在较短时间内得到最优的选址方案。为了分析不同预算水平对交通网络性能的影响，具体如图 5.3-8 所示。

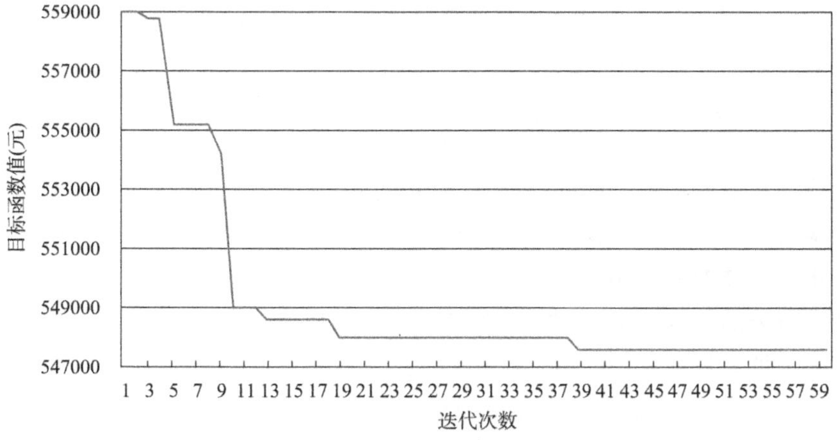

图 5.3-7 具体迭代过程

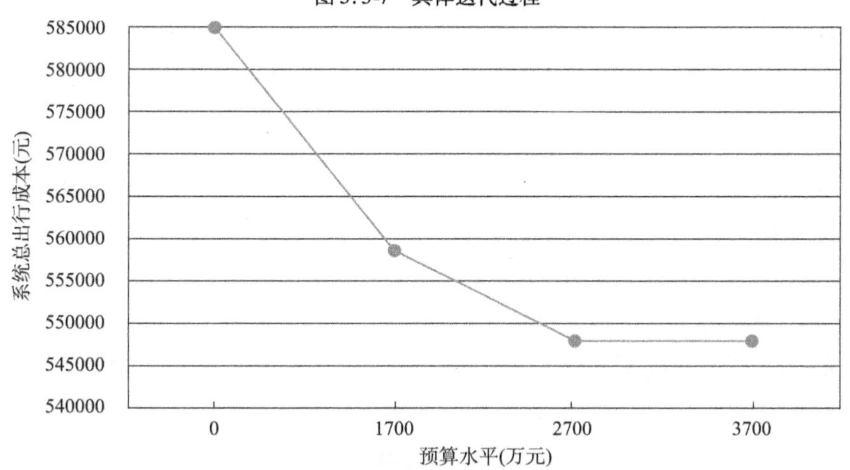

图 5.3-8 不同预算水平下最优选址方案对应的系统总出行成本

从图 5.3-8 中可以看出，随着预算水平增大，最优选址方案对应的系统总出行成本呈下降的趋势，但是系统总出行成本减少的幅度下降。对于政府部门来说，如何在预算水平增加与交通网络性能改进之间权衡，是很重要的问题。

在政府预算分别为 1700 万元、2700 万元以及 3700 万元的情况下，充电设施的选址结果见表 5.3-8。

不同预算水平下充电设施选址方案 表 5.3-8

预算水平(万元)	充电站位置	充电道路
1700	节点 9	路段(23,22)
2700	节点 17	路段(6,8)
3700	节点 15	路段(5,9)、(6,8)

从表5.3-8中可以看出,在预算水平为2700万元以及3700万元时,路段(6,8)都被选中设置充电道路,说明路段(6,8)对于改善路网交通性能起着关键作用。除此之外,三种预算水平下,充电设施选址结果有较大差异,因此,对于交通规划管理者来说,不建立充电设施选址模型的情况下很难在既定预算水平下合理决策充电设施选址,因此,建立充电设施选址模型对于交通规划是非常有意义的。

5.3.2 充电基础设施定容模型

高速公路网环境中通常伴随着长距离出行,所以,新能源汽车在高速公路网环境下的出行通常伴随更加严峻的充电问题。根据中国能源建设集团湖南省电力设计院发布的《湖南省高速公路集团新能源发展规划2021—2025》,目前高速公路网环境下充电基础设施都是部署在已有的高速公路服务区上,这样能够节省大量的成本,因此,在高速公路网环境中无须再进行充电站选址。目前来说,大部分服务区充电基础设施建设规划一般采用双向对称设计,所具备的充电基础设施数量一般是一致的,并且大流量服务区所设计的充电基础设施数量也趋于一致。这样的充电桩数量部署方案是一种简易的设计方案,然而实际效果如何却没有经过确切验证。因此,有必要基于现有理论,建立充电基础设施最优部署的双层规划模型,研究更优的充电基础设施部署方案,以解决新能源汽车在高速公路网环境下的充电问题。

5.3.2.1 充电基础设施双层规划模型

首先要明确双层规划模型中,包含上下层模型两个部分,两者相互影响相互作用。本章将建立系统服务时间最优的上层优化模型,以及下层包含充电需求分配的交通网络均衡模型。

1)上层系统最优模型

以系统的必要服务时间最小为目标,这样能够最大程度提高整个路网系统具有充电需求的EV用户的出行充电体验。那么,系统总服务时间成本最小的目标函数可以表示为:

$$\min T_s = \sum_{c \in G} (D_c \times T_c) \tag{5.3-15}$$

式中:T_s——路网系统中总的必要服务时间成本;

D_c——服务区c的接受的充电服务需求;

T_c——服务区c的平均必要服务时间。

$$n_{\min} \leqslant n_c \leqslant n_{\max} \qquad c \in G \tag{5.3-16}$$

$$\sum n_c \leqslant N_c \qquad c \in G \tag{5.3-17}$$

$$\bar{n} = \text{round}(n_c, 0) \tag{5.3-18}$$

式(5.3-16)表示高速公路网系统每个充电服务区中部署的充电桩数量需要保证在一定范围内,这是因为规划方案中的服务区均属于流量相对较大的城市服务区节点,需要保证该类型服务区具备一定充电服务能力,同时也不能使某一充电服务区被配过多的充电桩,本节中分别对服务区充电桩数量进行最小数量限制$n_{\min}$与最大数量限制$n_{\max}$。式(5.3-17)表示系统中每个充电服务区充电桩数量与总的规划建设充电桩数量之间的关系,N_c表示总的充电桩数量。式(5.3-18)则是保证每个服务区充电桩数量最终以整数输出，round(n_c,0)表示对每个服务区建设充电桩数量 n_c 进行四舍五入，小数点后位数取0。

2)下层交通均衡模型

交通均衡问题是在路网基本条件已知的情况下，根据出行者特性选择最适合自己的路径，以达到出行成本最低的目的。下面将建立一种考虑充电需求分配的交通均衡分配模型（简称拓展交通均衡模型），来完成GV、EV的交通出行配流以及EV充电需求的分配，该拓展交通均衡模型考虑了电动汽车出行的两种行为（选路、充电行为），不但可以获取各路径交通流量，还能够获取路网中充电服务区的充电需求。

GV、EV的车辆的配流：

$$\min C_t(x) = \sum_{a \in A} \int_0^{x_a} t_a(w)\,\mathrm{d}w \tag{5.3-19}$$

$$\sum_k f_{rs}^k = q_{rs} \qquad k \in K_{rs}, s \in S, r \in R \tag{5.3-20}$$

$$f_{rs}^k \geqslant 0 \tag{5.3-21}$$

$$x_a = \sum_{rs} \sum_k f_{rs}^k \cdot \delta_{rs}^{a,k} \leqslant c_a \qquad a \in A \tag{5.3-22}$$

$$t_a = t_a^0 \left[1 + \alpha \left(\frac{x_a}{c_a}\right)^\beta\right] \tag{5.3-23}$$

$$q_{rs}^{\mathrm{GV}} = q_{rs} \times (1 - \rho) \tag{5.3-24}$$

$$q_{rs}^{\mathrm{EV}} = q_{rs} \times \rho \tag{5.3-25}$$

$$f_{rs}^{(k)} = f_{rs}^{k,\mathrm{GV}} + f_{rs}^{k,\mathrm{EV}} \tag{5.3-26}$$

$$x_a = x_a^{\mathrm{GV}} + x_a^{\mathrm{EV}} \tag{5.3-27}$$

EV充电需求分配：

$$P_c^k = \begin{cases} 0 & d_0 < d_c^k \\ \dfrac{\exp\{-\theta[T_c + (d_0 - d_c^k) \times y]\}}{\sum\limits_{i \in s_k} (\exp\{-\theta[T_i + (d_0 - d_i^k) \times y]\})} & d_0 \geqslant d_c^k \end{cases} \tag{5.3-28}$$

$$T_c = t_c \left[1 + \gamma \frac{D_c}{(CAP_c - D_c + \varepsilon) \times 2 \cdot n_c}\right] \tag{5.3-29}$$

$$Z_c^k = f_{rs}^{\mathrm{EV},k} \cdot P_c^k \tag{5.3-30}$$

$$D_c = \sum Z_c^k \cdot \delta_c^k \qquad k \in K_{rs} \tag{5.3-31}$$

式中：$C_t(x)$——汽车的出行成本；

a——路段编号；

A——路网中所有路段的集合；

f_{rs}^k——rs 间第 k 条路经的流量；

q_{rs}——rs 间的出行需求；

K_{rs}——rs 间的路径集合；

S——终点集合；

R——起点集合；

x_a——路段 a 上的流量；

$\delta_{rs}^{a,k}$——路段与路径之间的相关变量如果路段 a 在 rs 间的第 k 条路径上则取 1，反之，若不在路径 k 上则取 0；

q_{rs}^{GV}、q_{rs}^{EV}——OD 对(r,s)间 GV 流量、EV 流量；

ρ——电动汽车混入率；

$f_{rs}^{k,\mathrm{GV}}$、$f_{rs}^{k,\mathrm{EV}}$——OD 对(r,s)间第 k 条路径 GV 流量、EV 流量；

x_a^{GV}、x_a^{EV}——路段 a 上的 GV 流量、EV 流量；

t_a——路段 a 上的旅行时间；

t_a^0——路段 a 的自由流时间；

c_a——路段 a 的通行能力；

α、β——道路阻滞系数；

P_c^k——路径 k 上 EV 选择服务区 c 的概率；

θ——用户感知水平参数；

γ——平均服务时间与剩余里程因素的调和权重参数；

s_k——路径 k 上服务区的集合；

D_c——服务区 c 接受的充电服务需求；

Z_c^k——路径 k 上 EV 用户选择服务区 c 的车辆数；

δ_c^k——0-1 当服务区 c 在路径 k 上时，取 1，反之取 0。

5.3.2.2　湖南省高速公路网环境建立

图 5.3-9 所示路网图包括 44 个节点、单向 53 条路段、13 对 OD 对，双向 4 车道且单向道路基本通行能力为 1800veh/h，并且有表 5.3-9 所列的双向共 20 个充电服务区。OD 需求表见表 5.3-10。

5.3.2.3　双层规划结果分析

首先是针对下层模型的交通出行需求分配，正如上述公式表述的那样采用 UE 均衡分配。分配结果见表 5.3-11。

表 5.3-12 所示各服务区充电桩分布方案根据《湖南省高速公路集团新能源发展规划(2021—2025)》得到，可以看出，其充电桩数量分布是均匀分布的。再将下层模型经过非线性互补化(NCP)后输入 GAMS 软件并采用 MCP 模块以及遗传算法联合求解得到各充电服务区的充电需求以及充电桩数量分布，见表 5.3-13。

在经过本节充电桩分布双层规划后得到了表 5.3-13 所示充电桩分布方案，其中可以明显看出充电桩分布不再是均匀分布，这是因为它是根据充电需求进行优化部署的结果。这说明，均匀分布的方案虽然是一种较为简易的部署决策，但是与实际路网交通充电需求不相匹配，可以明显看到各服务区间的充电需求差异很大，并且有很大一部分服务区并没有充电需求,这也必然会导致充电桩利用率不均以及部分服务区过度拥堵而部分服务区空充电需求。从图5.3-10中可以发现,经过迭代优化460次左右基本实现目标收敛,系统总的必要服务时间呈显著降低趋势,且路网系统必要服务时间下降幅度高达53.1%。这足以证明进行充电桩优化部署能够为路网系统服务区减轻大量充电负荷,具有研究的必要性。

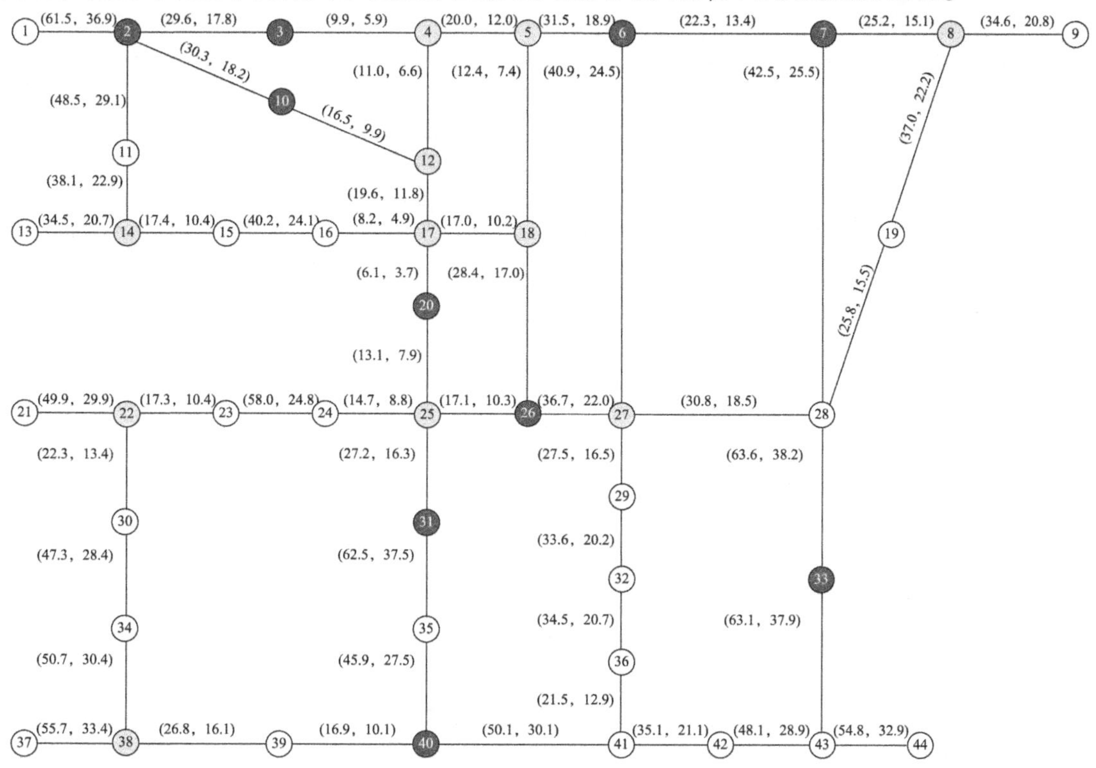

图5.3-9　湖南省高速公路网节选拓扑图

充电服务区节点对应路段方向明细表　　表5.3-9

节点编号	路段方向1	路段方向2	节点编号	路段方向1	路段方向2
2	1-2	2-1	20	20-25	25-20
3	3-4	4-3	26	26-27	27-26
6	6-27	27-6	31	31-35	35-31
7	7-28	28-7	33	33-43	43-33
10	10-12	12-10	40	39-40	40-39

OD需求表　　表5.3-10

起讫点(OD对)	需求	起讫点(OD对)	需求
2-33	1000	21-1	500
6-44	800	25-43	600
10-42	700	28-1	200
19-37	400	34-7	300

续上表

起讫点(OD 对)	需求	起讫点(OD 对)	需求
35-7	500	41-1	800
37-9	300	42-7	400
39-13	600		

OD 需求分配结果对比表 表 5.3-11

路段编号	$\theta=0.2$ 流量	路段编号	$\theta=0.2$ 流量
2-1	1500	18-26	335.535
2-3	1000	26-18	100
3-2	1000	6-27	1383.396
3-4	1000	27-6	1209.758
4-3	1000	7-28	416.604
4-5	1000	28-7	490.242
5-4	1000	19-28	400
5-6	1800	21-22	500
6-5	1000	22-23	800
6-7	1426.362	23-24	800
7-8	300	24-25	800
8-9	300	25-26	700
10-2	500	26-27	935.535
10-12	700	27-28	1473.638
12-10	500	28-27	600
12-17	700	30-22	300
17-12	500	34-30	300
18-5	800	31-25	1100
14-13	600	25-31	364.465
15-14	600	31-35	364.465
16-15	600	35-31	1100
17-16	600	35-40	364.465
17-18	1035.535	40-35	600
17-20	364.465	27-29	1335.535
20-17	1800	29-27	1100
20-25	364.465	32-29	1100
25-20	1800	29-32	1335.535

续上表

路段编号	$\theta=0.2$ 流量	路段编号	$\theta=0.2$ 流量
36-32	1100	38-39	400
32-36	1335.535	39-38	400
41-36	1100	39-40	900
36-41	1335.535	40-39	400
28-33	1800	40-41	664.465
33-28	400	41-40	400
33-43	800	41-42	1300
43-33	400	42-43	1000
37-38	300	43-44	800
38-37	400	—	—

初始充电桩分布表 表5.3-12

服务区编号	充电桩数量(个)	服务区编号	充电桩数量(个)
1-2	4	20-25	4
2-1	4	25-20	4
3-4	4	26-27	4
4-3	4	27-26	4
6-27	4	31-35	4
27-6	4	35-31	4
7-28	4	33-43	4
28-7	4	43-33	4
10-12	4	39-40	4
12-10	4	40-39	4

最佳充电桩分布表 表5.3-13

服务区编号	充电需求(veh/h)	充电桩数量(个)	服务区编号	充电需求(veh/h)	充电桩数量(个)
1-2	0	2	20-25	0	2
2-1	142.811	5	25-20	142.008	5
3-4	224.384	10	26-27	164.775	6
4-3	110.149	4	27-26	0	2
6-27	225.616	10	31-35	0	2
27-6	93.501	4	35-31	131.043	4
7-28	0	2	33-43	0	2
28-7	84.243	3	43-33	15.757	2
10-12	160.225	6	39-40	76.95	2
12-10	103.205	4	40-39	100	3

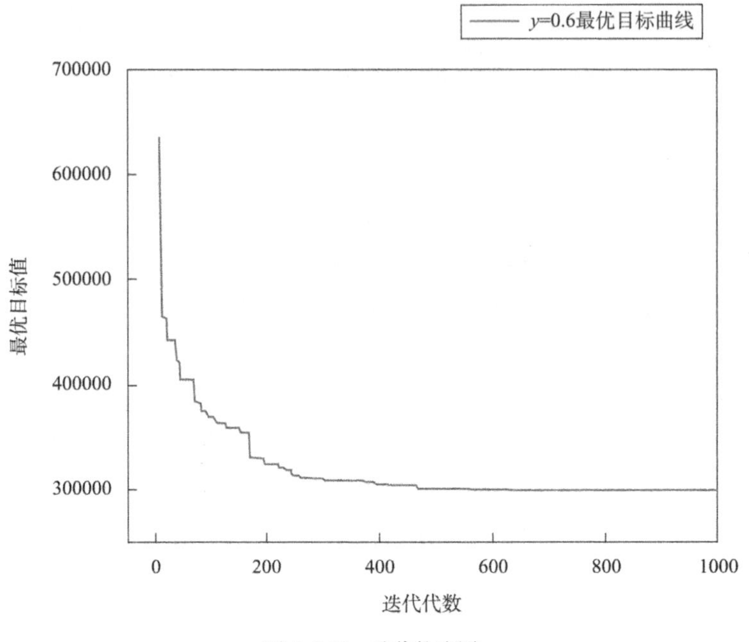

图 5.3-10　迭代轨迹图

5.4 本章小结

本章主要对新能源汽车配套基础设施部署进行了详细介绍，以新能源汽车的典型——纯电动汽车为例，介绍了纯电动汽车充电基础设施的双层规划相关内容，主要包含双层规划的定义、解析式以及双层规划的特点等。其次，针对双层规划一般属于 NP-hard（non-deterministic polynomial-hard）问题，本章还介绍了双层规划上层模型以及下层模型的求解算法。上层模型一般为系统最优模型，其求解算法主要分为精确算法和启发式算法，精确算法因为对于大型网络求解极为不便，求解计算量大，所以主要采用启发式算法进行求解。启发式算法主要包含遗传算法、粒子群算法等，它们的优点是迭代求解速度相对较快，但一般求解并非实际最优解而是接受一定限制下的最优解。下层求解算法则主要包含 Frank-Wolfe 算法、连续平均法以及基于非线性互补的算法。最后，本章对充电基础设施的选址与定容分别进行了案例分析。

本章参考文献

[1] 叶露. 基于双层规划的电动汽车充电站选址模型[D]. 成都：西南交通大学，2020.

[2] 涂强. 不确定环境下电动汽车路径选择和充电设施布局优化[D]. 南京：东南大学，2021.

[3] 陈良华，郑金华. 基于自适应 ε 支配的快速多目标遗传算法[J]. 计算机工程与应用，2006，42（15）：42-44.

[4] 张敏. 约束优化和多目标优化的进化算法研究[D]. 合肥:中国科学技术大学,2008.
[5] BECKMANN M J, MCGUIRE C B, WINSTEN C B, et al. Studies in the Economic of Transportation[J]. Journal of Political Economy, 1959, 67 (5):820-821.
[6] 张兆磊. 基于混合交通均衡的自动驾驶车道部署研究[D]. 长沙:长沙理工大学,2021.
[7] 孙磊,陈彦峰,常爽爽,等. 电动汽车弹性充电策略的研究[J]. 东北大学学报(自然科学版),2022, 43 (10): 1383-1390.
[8] 刘丹,蒲自源,许晓晴,基于机器学习-优化混合算法的离散交通网络双层规划模型[J]. 系统工程,2018, 36 (08): 114-122.
[9] ADLER J D, MIRCHANDANI P B, XUE G, et al. The Electric vehicle shortest-walk problem with battery exchanges[J]. Networks & Spatial Economics, 2016, 16 (1):155-173.
[10] 蒋琪. 考虑用户异质性及充电站容量的充电设施选址研究[D]. 南京:南京大学,2021.

第6章 新能源汽车产业与用户行为新发展

传统的燃油汽车污染多、能耗大，受制于化石能源储量的限制，推动新能源电动汽车发展已经成为汽车行业节能减排的主要手段，同时新能源汽车也得到了世界各国的普遍认可与重视。

6.1 新能源汽车产业发展路径

6.1.1 以核心技术创新引领产业发展

中国新能源汽车产业初期发展迅猛，销量自 2015 年开始激增，明显高于汽车总销量的增长率，并首次登顶全球。虽然新能源汽车销量增长率位居高位，但主要还是大力度的产业扶持政策在起关键作用，特别是补贴之后的车价相对于燃油汽车具有较大优势，性价比凸显。但由于过分依赖补贴，企业普遍缺乏技术创新的动力，新能源汽车核心技术发展还不成熟，续驶里程、电控管理和安全防护方面的技术水平仍然不高，几乎是在靠价格优势弥补技术劣势。2017 年，国内新能源汽车补贴开始退坡，倒逼新能源汽车企业加快提升产品技术含量，2017 年之前纯电动汽车续驶里程在 300km 左右，与燃油汽车里程相去甚远，之后动力蓄电池的能量密度开始快速提升，同时电控系统效率持续优化，2018 年已经达到 400 ~ 500km，部分车型甚至可以达到 550km，加速水平也有明显提高，涌现出一批 100km 加速成绩在 4s 左右的乘用轿车和运动型多用途汽车(Sport Utility Vehicle，SUV)。2019 年，新能源汽车技术开始遇到瓶颈，创新不足，提升放缓，续驶里程和加速性能仍然在前一年水平徘徊，同时新能源汽车补贴开始大幅退坡，两方面因素的叠加对全球新能源汽车销量产生较大影响。2019 年，中国新能源汽车销量同比下滑 4%，增长率创历史新低，而且远低于之前的高增长率，产业发展面临困境。之后新能源汽车企业痛定思痛，将技术创新摆在首要位置，2020 年新能源汽车技术再次大幅提升，最大续驶里程普遍达到 600km，其中小鹏 P7 首次将续驶里程提高到 700km 以上，同时加速水平同样提升明显，比亚迪汉 EV 首次将市售纯电动家用汽车的 100km 加速水平缩短至 4s 内。受新型冠状病毒疫情影响，2020 年全球汽车销量同比大降，但新能源汽车却丝毫不受影响，销量大涨 46.6%，增量首次超过 300 万辆，中国新能源汽车销量在补贴逐年退坡的形势下重回高增长时代，实属不易，其中技术的突飞猛进是最重要的因素，引领新能源汽车产业持续快速发展。

6.1.2 坚持以纯电动车型为发展方向

相较于混合动力汽车,纯电动汽车动力更加平顺、噪声、振动与声粗糙度(Noise、Vibration、Harshness,NVH)表现更好、制造和使用成本更低、可以享受到更多补贴,这些优势使纯电动汽车比混合动力汽车的市场接受度更高。纯电动汽车在中国新能源汽车产销量的占比长期居高不下,一方面得益于中国新能源汽车企业常年保持纯电动汽车技术优势,使消费者更倾向于购买此类产品;另一方面是相关配套设施的日益完善,充换电设施快速普及,车桩比处于较高水平,可以满足新能源车主的充电需求。但近年来外资品牌特别是以大众为首的传统品牌开始在纯电动汽车领域持续发力,技术水平突飞猛进,销量飞速增长,加之特斯拉等已经成为在中国市场站稳脚跟的造车新势力企业,外资品牌新能源汽车销量和市场份额在稳步上升,中国纯电动汽车市场规模和技术水平的优势开始缩小。面对此种竞争态势,中国新能源汽车企业持续加大在纯电动汽车领域的投入,比亚迪、广汽、长城等传统企业陆续推出新的纯电动平台,可以实现更大轴距、更长续驶里程、更强性能和更低成本,已经研发和推出多款竞争力极强的纯电动车型占领市场。除了传统企业,造车新势力同样以纯电动汽车为主要发展方向,除理想外的其他新兴企业均生产纯电动汽车。此外,蔚来、北汽等企业还开发出可以更换蓄电池的纯电动车型,进一步解决里程焦虑问题。2021 年,中国纯电动汽车销量继续稳居全球纯电动汽车销量榜首,2021 年底中国纯电动汽车保有量已达 640 万辆,高居全球第一,占国内新能源汽车总保有量的 81.6%,同时占据销量和保有量的绝对主力。未来中国新能源汽车企业将继续发挥纯电动汽车领域的优势,坚持纯电动车型的研发和生产。

6.1.3 自主制定行业标准,完善产业评判体系

中国新能源汽车产业规模、技术水平和推广应用均处于世界领先水平,而行业标准的滞后势必会影响其长远发展。针对这一现状,汽车产业的相关管理部门和企业都在积极提出解决方案,其中最有效的方案是制定适合中国国情的自主行业标准,引导产业向更加良性的方向发展。2019 年 2 月 18 日,国家市场监督管理总局、国家标准化管理委员会发布《电动汽车能量消耗率限值》,这是全球首个针对纯电动汽车能耗指标提出要求的技术标准,规定了电动汽车能量消耗率限值,适用于最大设计总质量不超过 3500kg 的 M1 类纯电动汽车,该标准规定对于具有三排以下座椅且最高车速大于或等于 120km/h 的电动汽车车型,当整车整备质量在 750kg 及以下时能量消耗率限值应在 13.1kW · h/100km。《电动汽车能量消耗率限值》将在促进纯电动汽车节能技术应用、推动电动汽车降低能耗和节约电力能源方面发挥重要作用,促进新能源汽车产业健康发展。2015 年 3 月,工业和信息化部下达项目需求,并由中国汽车技术研究中心牵头,展开适用于国内工况的调研与开发,即中国轻型汽车行驶工况循环是基于国内 41 座城市、3832 辆车型样本、累计试验里程 3278 万 km 并参考了 20 亿条交通低频大数据得出的更加贴合国内道路法规及驾驶习惯的标准工况,中国轻型汽车行驶工况(China Light Vehicle Test Cycle,CLTC)工况在不远的将来会取代新标欧洲驾驶周期(New European Driving Cycle,NEDC)和全球统一轻型汽车测试循环(World Light Vehicle Test

Cycle,WLTC),正式成为更加适合中国国情的自主行业标准。

6.1.4 积极开拓海外市场,加强国际交流合作

中国新能源汽车企业早在21世纪初就开始开拓海外市场,由于此时中国品牌燃油汽车和乘用车领域技术水平不高,与国外同类型产品相比劣势明显,于是企业将新能源商用车作为出口的主打产品。国际能源署最新发布的《2022年全球电动汽车展望》报告表示,在坚持当前气候政策的基础上,2030年全球电动汽车销量将占全球汽车总销量的30%以上。尽管市场前景乐观,但与气候目标仍存差距。随着全球汽车业向电动化、智能化、网联化、共享化加速发展,既需要与新技术、新材料、电子电力、先进制造等多领域进行跨界融合,也需要各国加强技术创新合作,推动产业链供应链协同发展。

6.2 用户行为的新发展

6.2.1 基于用户驾驶行为的发展

1)从速度偏好分析

用户驾驶行程中的速度偏好鲜明地表明了驾驶人的个人差异和驾驶技能差异,分析速度偏好的数据可以从车辆监控的原始信号构造的相关数据指标反映出来。例如,通过平均车速,能统计并分析出驾驶行程中低速、中速、高速的分布情况,进而可得出此用户的速度偏好情况。此外,还可以通过加速踏板以及制动踏板信号数据,通过计算它们的平均值,作为表征行程中驾驶激烈程度情况的一种维度。

2)从驾驶风格分析

用户的驾驶风格可分为平缓驾驶和激烈驾驶两类,驾驶风格与行车安全、燃油经济性、汽车磨损等息息相关,每个用户都拥有不同的驾驶风格。一般来说,激进的驾驶风格往往更容易引发交通事故,同时也加快了汽车磨损以及增加油耗及排放。因此,对驾驶风格进行分析对于提高燃油经济性和改进能量管理策略至关重要。在实际的驾驶风格分析中,利用驾驶行程中的具体数据,从不同角度计算并构建出可以表达安全性的特征变量,然后利用这些变量对驾驶风格进行分析,常用的一些指标有速度标准差和加速踏板标准差等。

3)从时间偏好分析

时间偏好主要反映出不同驾驶人在一天中各个时间段的驾驶情况,一般将时间分为早晨、上午、下午和夜间四个时段。在不同时段的驾驶人特征能够反映出驾驶人的职业,例如,对于普通上班族,他们更有可能是在早上和下午驾驶车辆,即他们的时间偏好为早晨偏好和下午偏好。

4)从熟练度分析

熟练度主要反映了用户驾驶车辆的熟练程度,表明了用户对驾驶技能掌握的差异。根据以往的经验将驾驶熟练度分为新手驾驶、熟练驾驶、进阶驾驶、精英驾驶。通过对用户驾驶熟练度的分析,可以看出用户的驾龄以及驾驶技巧娴熟度。

6.2.2　基于用户充电行为的新发展

在新时代的要求下，充电引导需要向更智能化的方向发展。以充电引导为基础，结合商业服务、智能停车和智慧城市，以及能源互联网等更多研究方向，可以构建一个智能化充电服务系统。基于电动汽车充电引导策略的智能化充电服务系统将成为智慧城市和智慧交通领域研究与关注的新焦点。

用户最优和系统最优的研究覆盖了大部分电动汽车充电引导策略。未来以系统最优为主要策略的充电引导智能化程度不够高，面对智慧城市和人工智能时代的要求，智能化的充电引导策略应运而生。在人工智能时代，大量的用户充电事件、电网信息、交通信息可以转化为可分析、可挖掘的数据，以数据驱动解决电动汽车充电引导问题是一个可行的方案。

电动汽车充电调度的一个关键问题是对未来发生的充电事件缺乏完整的预知，因此，人工智能技术的应用可以提高电动汽车充电策略的预知能力，使其更智能化。此外，基于云计算求解复杂的算法模型，可以保证充电引导的实时性和精准性。随着新能源时代和人工智能时代的到来，电动汽车充电引导的研究已经不限于传统的用户最优和系统最优了，更多强大的技术可以应用到这个研究领域。

智能化的充电引导运用大数据技术处理剧增的电动汽车充电请求事件和引导事件产生的复杂数据，进行清洗、融合以及共享，构建智能化充电服务的大数据平台。基于大数据的支撑，通过人工智能技术对其学习、预测以及智能分析，挖掘出更多有价值的信息，通过云计算技术进行实时模型运算，以此实现充电引导。

传统的机器学习算法、深度学习算法以及在线学习算法等，都可以将复杂的数据和充电业务逻辑关系进行自我学习、改进，对充电行为进行预测。基于大数据，通过人工智能技术对用户、电动汽车、路网信息和充电站进行有效调度。最后依托云计算的分布式处理和云存储技术以及强大的计算能力，对大规模并发的充电请求作出反馈，保证智能化充电引导的实时性和并发性。此外，充电引导策略的研究也从用户充电业务的分析与研究拓展到一些其他方向。如：利用新的充电技术、动态无线充电技术（Dynamic Wireless Charging，DWC），解决用户必须引导到站才能充电的问题；新的充电商业模式，基于私有充电基础设施的共享充电方法，以及从安全信息通信系统的角度优化充电调度系统的稳定性，提出充电基础设施的网络安全体系结构。现在电动汽车充电引导领域的研究已经越来越多元化了，但是应对未来的智慧出行，提高充电引导策略的智能化程度才是未来电动汽车发展和推广的方向。

6.3　充电配套设施部署新发展

交通运输部联合国家能源局、国家电网有限公司、中国南方电网有限责任公司印发的《加快推进公路沿线充电基础设施建设行动方案》提出，要加快健全完善公路沿线充电基础设施，满足不断增长的电动汽车充电需求；到2023年底前，具备条件的普通国省干线公路服务区（站），能够提供基本充电服务。未来，电动汽车车主不敢轻易在高速公路行驶、不敢长途行驶的困扰有望得到进一步缓解。行动方案明确了六个方面的任务举措，统筹分类推进公路沿线充电基础设施建设改造。

(1)在加强高速公路服务区充电基础设施建设方面,利用高速公路服务区存量土地及停车位,加快建设或改造充电基础设施。每个高速公路服务区建设或预留建设条件的充电车位原则上不少于小型客车停车位的10%。

(2)在加强普通公路沿线充电基础设施建设方面,推动具备条件的公路服务区(站)建设或改造充电基础设施。鼓励在重点旅游景区等大流量的普通国省干线公路沿线停车场等场所,探索建设或者改造充电基础设施。

(3)在探索推进新技术新设备应用方面,科学合理选择新技术、新设备,提升充电基础设施全寿命周期效益,制定落实分阶段覆盖方案。推动城市群周边等高速公路服务区建设超快充、大功率电动汽车充电基础设施。

(4)在优化服务区充电基础设施布局方面,因地制宜科学布设充电基础设施,规范交通标识设置,优化通行线路,引导电动汽车与燃油汽车分区有序停放,保障电动汽车停车位专位专用。

(5)在加强服务信息采集与发布方面,通过多种渠道及时发布公路沿线充电基础设施设置和实时使用情况,为公众提供实时信息查询服务。

(6)在加强充电基础设施运行维护方面,鼓励服务区经营管理单位与充电运营商等开展合作,开展充电基础设施的运营与维护。及时消除安全隐患,保障充电基础设施设备的技术完好、安全可用。

为了确保任务顺利完成,行动方案从加强配套电网建设和规范充电服务收费等多方面提出了相关的配套政策。行动方案明确,电网企业要加强配套电网建设,合理预留高压、大功率充电保障能力,满足充电设施建设需求。对部分电网暂未延伸到位、不具备大容量供电条件的偏远服务区,优先采用分布式电源等方式就近供电。

同时,鼓励充电运营商兼顾投资运营主体合理收益与用户使用经济性,在市场培育期实施服务费优惠,确保充电服务费合理、规范收取。鼓励地方出台相关优惠政策,对充电基础设施场地租金实行阶段性减免,为加快推进充电基础设施建设创造条件。

附录

电动汽车驾驶人里程焦虑问卷

尊敬的女士/先生：

您好！感谢您在百忙之中参与本次电动汽车驾驶人里程焦虑问卷调查。请您依据自身情况，仔细回答每个问题。问卷数据仅用于学术研究。衷心感谢您的配合！

驾驶人特征

1. 您的性别：

①男　　　　②女

2. 您的年龄为__________岁。

3. 您的驾龄为__________年。

4. 您的职业：

①待业　②公务员　③教学或科研人员　④经商者、私营和个体劳动者

⑤退休　⑥生产人员、技术工人和服务人员　⑦事业/企业单位职员、公司职员

⑧学生　⑨其他

5. 您是否有燃油汽车驾驶经验？

①是，请填写所驾驶燃油汽车燃油消耗__________ L/km，以及加油频率__________次/月

②否

6. 您现在驾驶的电动汽车车型：

①北汽新能源 EV160　②北汽新能源 EV200　③比亚迪 E6　④吉利 帝豪 EV

⑤江淮 iEV5　⑥特斯拉 Model S　⑦特斯拉 Model X　⑧启辰 晨风

⑨腾势 DENZA　⑩其他

7. 您所驾驶电动汽车的最大续驶里程为__________ km。

8. 您最常用的充电方式：

①公共充电桩（交流慢充）　②公共充电桩（直流快充）　③家用充电桩

④移动充电器（从 220V 照明电路取电）　⑤其他

9. 您驾驶电动汽车的充电频率为__________次/周。

10. 驾驶电动汽车的用途：

①公务　②私家用　③租赁　④营运　⑤其他

11. 请根据您的实际情况对下列表述作出评价：

说明	非常同意	同意	既不同意也不反对	反对	非常反对
1. 我对电动汽车的续驶里程很满意	□	□	□	□	□
2. 我对我的电动汽车充电的方便程度感到满意	□	□	□	□	□
3. 我非常信任车辆显示的剩余里程信息	□	□	□	□	□
4. 我开车时决策果断	□	□	□	□	□
5. 我开车时基本不受情绪影响	□	□	□	□	□

12. 请根据您的实际情况作答：

1. 假设此时实际行程剩余 10km，当车辆仪表显示的剩余电量对应的里程低于多少时，你会感到焦虑？	10km	12.5km	15km	17.5km	20km
	□	□	□	□	□
2. 假设此时实际行程剩余 30km，当车辆仪表显示的剩余电量对应的里程低于多少时，你会感到焦虑？	30km	37.5km	45km	52.5km	60km
	□	□	□	□	□
3. 假设此时实际行程剩余 60km，当车辆仪表显示的剩余电量对应的里程低于多少时，你会感到焦虑？	60km	67.5km	75km	82.5km	90km
	□	□	□	□	□

13. 请根据您的实际情况对下列表述作出评价：

说明	因焦虑分心	重新规划路线	寻找最近的充电桩	改变一些驾驶习惯	减少加速并以更低的速度行驶	因交通拥堵感到更加烦躁	为了尽早到达充电设施而抢行
当感到里程焦虑时，我会	□	□	□	□	□	□	□